国家智库报告 2016（14）National Think Tank

国 际 问 题 研 究

U0637689

日本能源形势与能源战略转型

张季风 著

JAPAN'S ENERGY SITUATION AND ENERGY STRATEGIC
TRANSFORMATION

中国社会科学出版社

图书在版编目(CIP)数据

日本能源形势与能源战略转型/张季风著.—北京:中国社会
科学出版社,2016.4

(国家智库报告)

ISBN 978 - 7 - 5161 - 8065 - 5

Ⅰ.①日… Ⅱ.①张… Ⅲ.①能源战略—研究—日本
Ⅳ.①F431.362

中国版本图书馆 CIP 数据核字(2016)第 084395 号

出 版 人	赵剑英
责任编辑	王 茵
特约编辑	王 称
责任校对	王佳玉
责任印制	李寡寡

出 版	中国社会科学出版社
社 址	北京鼓楼西大街甲 158 号
邮 编	100720
网 址	http://www.csspw.cn
发 行 部	010 - 84083685
门 市 部	010 - 84029450
经 销	新华书店及其他书店

印刷装订	北京君升印刷有限公司
版 次	2016 年 4 月第 1 版
印 次	2016 年 4 月第 1 次印刷

开 本	787×1092 1/16
印 张	9
插 页	2
字 数	108 千字
定 价	36.00 元

摘要：日本能源匮乏，基本依靠进口能源维持经济发展。第一次石油危机以来，日本大力推行石油替代政策和节能技术，同时促进新能源的开发，力争实现能源结构的多元化和能源进口来源地的多元化，从供给侧和需求侧两方面下功夫，保障了能源安全。而这一目标的实现与日本实施的能源战略密不可分。能源战略一直贯穿于战后日本经济发展的各个历史阶段，对日本确保能源安全、实现经济腾飞和长期发展，发挥了重要作用。战后日本的能源战略经历了重点发展煤炭与钢铁的战略、"油主煤辅"的能源结构转型战略、替代石油战略、能源多元化战略、石油危机后的节能战略、石油储备战略、"3E"协调发展战略等几次重要的演变。但是，东日本大地震和福岛核电站事故发生后，日本的能源形势空前严峻，加之美国"页岩气革命"、日本可燃冰开发的突破性进展以及国际油价的暴跌，消极因素和积极因素交织在一起，使得日本不得不对能源战略进行重新调整。纵观日本能源形势的发展动态，核电站将陆续重启，可再生能源发展战略中希望与挑战并存。分析日本能源动向与能源战略转型，其经验教训可资中国借鉴。

关键词：日本；能源战略；能源安全；战略转型；页岩气革命；核电站重启

Abstract: Japan basically depends on imported energy to sustain economic development due to the lack of energy resources. Since the first oil crisis, Japan has vigorously promoted oil substitution policies and technology of energy-conservation as well as development of new energy technologies; thereby strives to achieve the diversification of energy imports and diversification of energy source structure. Efforts from both the supply side and the demand side to ensure energy security. The achievement of this aim and Japan's energy strategy are inseparable. Energy strategy has been through the various historical stages of the development of Japanese economy after the World War II. It has played an important role in ensuring energy security, economic growth and long-term development in Japan. After the World War II, Japan's energy strategy has experienced several important changes, such as coal and steel focused strategy, oil main coal secondary energy restructuring strategy, alternative oil strategy, energy diversification strategy, energy-conservation strategy after the oil crisis, oil reserves strategy, 3E harmonized development strategy and so on. But after the Great East Japan earthquake and the Fukushima nuclear power plant accident, together with Shale gas revolution in the United States, breakthrough progress in the development of methane hydrate in Japan as well as the fall in international oil prices, negative factors and positive factors are intertwined. So that Japan has to readjust energy strategy. Throughout the developments of the energy situation in the future, nuclear power plants will continue to restart. For renewable energy development strategy, hope and challenge coexist. China can learn from the experiences through the analysis of Japan's energy trends and energy strategic transformation.

Key words: Japan, Energy strategy, Energy-conservation, Shale gas revolution, Nuclear power plant restart

目　　录

能源是国民经济的命脉，世界上任何一个国家几乎都将能源安全置于最重要的战略地位。然而，由于自然禀赋不同，每个国家的能源资源储藏量大不一样。日本能源匮乏，基本依靠进口能源维持其经济发展。第一次石油危机以来，日本大力推行石油替代政策和节能技术以及新能源的开发，力争实现能源结构的多元化和能源进口来源地的多元化，从供给侧和需求侧两方面下功夫，保障了能源安全。

　　日本依靠从中东进口廉价的石油，在 20 世纪 60 年代实现了高速增长，并且在 1969 年超过德国成为仅次于美国的第二大经济强国。然而，20 世纪 70 年代的两次石油危机暴露了日本能源供需结构的脆弱性，日本朝野上下对能源安全的危机感越来越强。以此为契机，日本将确保能源安全作为最重要的国策，率先发展液化天然气

（LNG）、火力发电和核电事业，产业界大力开展节能运动，城市煤气也迅速完成了从石油、煤炭向天然气的转换。

此后虽然出现了应对地球环境问题以及通过规制改革来提高经济效益等各种新课题，但日本的能源安全供给并没有出现过障碍。能源的稳定供给成为战后日本经济健康发展并且维持世界第二大经济体长达40多年的重要保障。

但是，东日本大地震以后日本的能源状况发生了重大变化，能源形势呈现出空前严峻的局面，日本能源的基本特征也发生一些变化，特别是既定的能源战略全部被打乱，不得不进行调整。日本今后能源战略的基本方向是仍将核电置于基荷电源的位置，彻底强化核电站的安全对策，继续实行节能和节电对策，实现能源种类的分散化与结构的合理化。

第一章　日本能源基本特征与能源动向

一　日本能源的基本特征

2011 年 3 月 11 日东日本大地震和福岛核电站事故的发生，使日本的能源形势发生了重大变化。福岛核电站事故虽已过去 4 年多，但核污染、水处理等问题还没有得到妥善解决，这说明核事故处理尚未达到收敛阶段。更为严峻的是，东日本大地震和福岛核电站事故发生以后，人们对过去的能源供给体制的不信任感日益增强，作为日本能源主要供给源的核电站曾长时间全部停机，由于替代燃料 LNG、原油和煤炭进口的大量增加，不仅改变了日本能源结构，也导致贸易收支状况迅速恶化，同时由于化石燃料的大量使用，也使日本的温室气体排放增加，环境压力越来越大。

总之，东日本大地震至今，日本能源的固有问题并没有得到解决，而且还带来了新的问题。目前日本的能源结构呈现出如下特点：

（一） 世界的主要能源消费大国和能源进口大国

如表 1 - 1 所示，2013 年，日本一次能源消费量为 474.0 Mtoe（百万吨油当量），仅次于中国、美国、俄罗斯和印度，居世界第五位，占世界总消费量的 3.7%，与 2000 年的 4.7% 相比下降了 1 个百分点。原油消费量为 208.9 Mtoe，次于美国和中国，居世界第三位，石油进口量也居世界第三位。天然气消费量为 105.2 Mtoe，仅次于美国、俄罗斯、伊朗和中国，居世界第五位，但液化天然气（LNG）进口量上升为世界第一位。原煤消费量为 128.6 Mtoe，仅次于中国、美国和印度，居世界第四位。值得关注的是，日本从 1960 年以来一直处于上升趋势的能源供应总量在 2007 年达到峰值后，便开始呈现下降趋势。

表 1－1　　　　　　　　　2013 年世界各国一次能源消费量　　　　　单位：Mtoe

	原油	天然气	原煤	核能	水电	可再生能源	合计
中国	507.4	145.5	1925.3	25.0	206.3	42.9	2852.4
美国	831.0	671.0	455.7	187.9	61.5	58.6	2265.8
俄罗斯	153.1	372.1	93.5	39.1	41.0	0.1	699.0
印度	175.2	46.3	324.3	7.5	29.8	11.7	595.0
日本	208.9	105.2	128.6	3.3	18.6	9.4	474.0
加拿大	103.5	93.1	20.3	23.1	88.6	4.3	332.9
德国	112.1	75.3	81.3	22.0	4.6	29.7	325.0
巴西	132.7	33.9	13.7	3.3	87.2	13.2	284.0
韩国	108.4	47.3	81.9	31.4	1.3	1.0	271.3
法国	80.3	38.6	12.2	95.9	15.5	5.9	248.4
伊朗	92.9	146.0	0.7	0.9	3.4	0.1	243.9
世界总计	4185.1	3020.4	3826.7	563.2	855.8	279.3	12730.4

资料来源：BP，*Statistical Review of World Energy 2014*，http：//www.bp.com/en/global/corporate/about－bp/energy－economics/statistical－review－of－world－energy.html。

（二）东日本大地震后能源自给率进一步下降

由于能源极度缺乏，日本一次能源自给率一直很低，在发生第一次石油危机的 1973 年，仅为 9% 左右。此后，日本大力发展核电事业，但由于核电站所使用的铀也需要进口，因此核电也只能算准国产化。到 2010 年包括核电准自给率在内的能源自给率提高到 19.9%，其中水利和新能源等合计为 4%，其余 15% 为核电等，应当说能源自给率有了一定程度的提高（参见表 1－2）。然而，东日本大地震以后，核电站陆续停机，到 2012 年日本能源自给率又重新降至 6% 的低点，其中水力和新能源等合计为 5.4%，而核电只剩 0.6%（见图 1－1）。2012 年日本的能源自给率在 OECD 国家中居第 33 位，为倒数第二位，而同期美国的能源自给率为 85%，英国为 60.7%，法国为 52.9%，德国为 40.1%，就连韩国也达到 18%，OECD 国家平均能源自给率为 70%。

表 1－2　　　　　近年来日本一次能源自给率的变化　　　　　单位:%

	2010 年	2011 年	2012 年
煤炭	甚少	甚少	甚少
原油	0.1	0.2	0.1
天然气	0.6	0.7	0.7
核能	15.0	5.8	0.6
水力	1.4	1.6	1.5
可再生能源	2.7	3.1	3.1
一次能源合计	19.9	11.2	6.0

资料来源：経済産業省·資源エネルギー庁『エネルギー白書 2014』，http://www.enecho.meti.go.jp/about/whitepaper/2014pdf/。

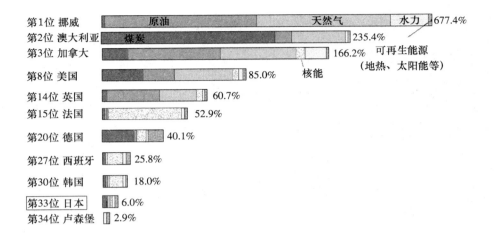

图 1 - 1　日本能源自给率与国际比较（2012 年）

资料来源：IEA "Energy Balance of OECD Countries 2013"。

（三）石油在一次能源中占比仍比较高

自 1973 年第一次石油危机以来，日本一直致力于摆脱能源对石油的依赖。石油占一次能源的比重，1973 年为 75.5%，1990 年降至 56.0%，2000 年又降至 49%，到 2010 年又进一步降至 40%，可以说颇有成效。与此同时，1973—2010 年，其他主要能源占一次能源的比重也发生很大变化，其中天然气从 1.6% 上升至 19.2%，煤炭从 16.9% 上升至 22.6%，核电从 0.6% 上升至 11.8%。然而，东日本大地震后，由于核电站停机，日本不得不大量进口石油、液化天然气（LNG）等化石燃料，结果导致 2012 年石油在一次能源中的占比又重新反弹至 48%，煤炭与天然气各占 23%，核电骤降为 1%，水力发电占 3%，新能源等占 2%。总体来看，石油所占比重仍然最大（参见图 1−2）。

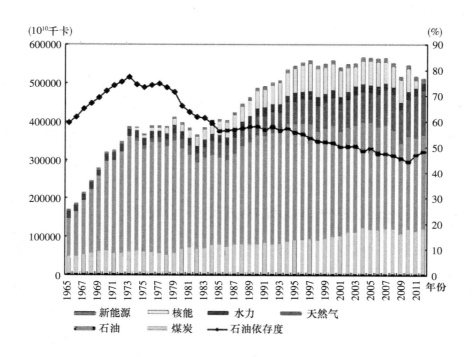

图 1−2　日本一次能源结构的变化

资料来源：根据『エネルギー・経済統計要覧』数据制作。

（四）石油进口主要依赖中东的格局并没有发生变化

第一次石油危机以来，日本深刻认识到，在一次能源中过度依赖石油这一种能源的做法风险很高，同时石油进口过度依赖动荡不安的中东地区更是十分危险。因此实施能源多元化战略，既包括能源品种的多元化，也包括能源进口地区的多元化。前者主要是利用核能、天然气、可再生能源等其他能源替代石油，降低对石油的依赖度。而后者主要是开拓中东地区以外的进口渠道。应当说日本在降低石油依赖度方面进展较快，已经从20世纪70年代初的75%降至现在的50%以下；但是在石油进口多元化方面却停滞不前，如图1-3所示，日本

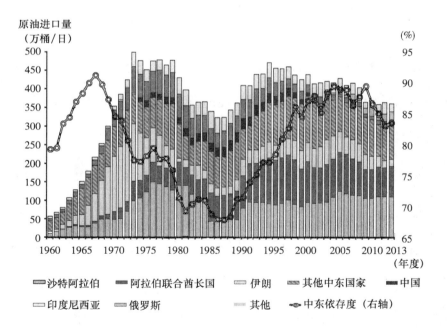

图1-3　日本原油进口与对中东地区的依存度

资料来源：経済産業省「資源・エネルギー統計年報・月報」。

石油进口严重依赖中东地区的格局并没有发生变化，虽然在 20 世纪 80 年代中期曾下降至 68%，但此后又重新回升到 80% 以上。此外，液化天然气（LNG）的进口对中东依赖度也高达 3 成左右。

（五）电源结构的多元化与天然气比重上升

在 20 世纪 60 年代之前，日本的电力来源主要是水电和使用煤炭的火力发电。60 年代电力工业从"水主火从"转为"火主水从"后，日本主要依靠煤炭和石油火力发电。70 年代以后以第一次石油危机爆发为契机，日本加速发展核电步伐，到 1980 年核电机组达到 20 座，1990 年达到 40 座，东日本大地震之前达到 55 座，核电占总发电量的 3 成。

除核电之外，液化天然气（LNG）火力发电也取得了长足的发展，液化天然气（LNG）火力发电占发电装机总容量的比重从 1973 的 2% 上升到 2011 年的 25.9%（参见图 1－4）。特别是在东日本大地震后，液化天然气（LNG）火力发电占实际发电量的比重在 2011 年、2012 年

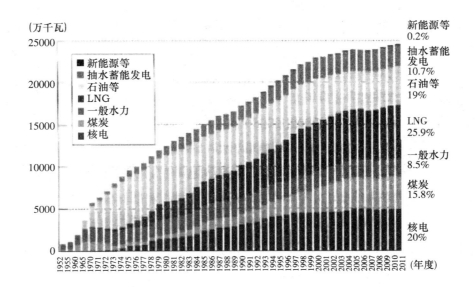

图 1 - 4 日本电源多样化与发电装机总容量的变化

资料来源：経済産業省・資源エネルギー庁『エネルギー白書 2013』，http：//

www. enecho. meti. go. jp/about/whitepaper/。

和 2013 年分别高达 39. 5% 、42. 5% 和 43. 2% ,[①] 对解决
震灾后的电力不足问题，发挥了巨大作用。另外，城市
燃气中的液化天然气（LNG）比重也上升得非常显著。
1970 年城市燃气中石油类燃料占 47. 5% ，煤炭类燃料占

---

① 『電気事業連合会会長 定例会見要旨（2014 年 5 月 23 日）』、ht-
tp：//www. fepc. or. jp/about_ us/pr/kaiken/_ _ icsFiles/afieldfile/2014/05/
23/kaiken_ 20140523. pdf。『電気事業連合会会長 定例会見要旨（2014 年 5
月 23 日）』、資料 1、http：//www. fepc. or. jp/about_ us/pr/pdf/kaiken_
s1_ 20140523. pdf。

37.2%，包括液化天然气（LNG）在内的天然气仅占
15.2%。经过70年代的两次石油危机以后，日本大量采
用液化天然气（LNG），石油和煤炭类燃料等城市燃气的
比重逐渐下降。液化天然气（LNG）比重迅速上升，到
2012年已达到89.6%，如果再加上国产天然气等，天然
气的比重更高达96.4%（参见图1-5）。

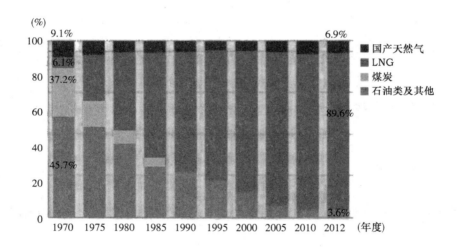

图1-5 日本城市燃气原料的变化

资料来源：日本ガス協会『ガス事業便覧』，各年版。

（六）能源利用效率与节能技术为世界一流水平

纵观战后日本经济发展的历史，不难看出日本一直致
力于能源利用效率的提高。特别是第一次石油危机以后，

日本更是将节能和提高能源利用效率置于国家战略的高度。在20世纪70年代中期至2005年长达40多年的时间里，以消费世界不足5%的能源，创造了世界GDP 8%以上的业绩。如图1-6所示，1973—2013年的40年当中，日本的实际GDP增长了2.5倍，但最终能源消耗仅增长1.3倍。如表1-3所示，自1973年以来，日本能源消费增长速度长期低于经济增长率，能源弹性系数也长期处于很低的水平。如图1-7所示，直到2012年日本单位GDP能源消耗水平一直居世界领先地位，世界平均水平是日本的2.5倍，中国是日本的6.4倍，而俄罗斯是日本的8.0倍。

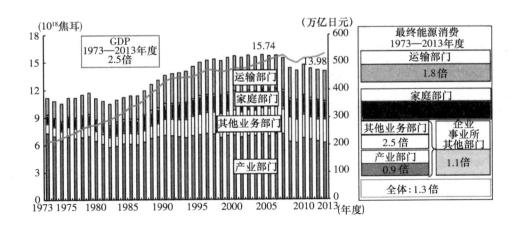

图1-6　日本实际GDP增长与最终能源消耗的比较

资料来源：日本经济产业省资源エネルギー庁「平成26年度エネルギーに関する年次報告」（エネルギー白書2015）第二部エネルギー動向。

表 1-3   日本能源需求与 GDP 增长率、能源弹性系数的变化

	1965—1973 年	1973—1979 年	1979—1990 年	1990—2000 年	2000—2010 年	2010—2011 年
①实际 GDP	9.1%	3.9%	4.3%	1.0%	0.7%	0.3%
②一次能源供给（年率）	11.3%	1.3%	1.7%	1.4%	-0.4%	-4.7%
③一次能源消费（年率）	11.8%	0.9%	1.3%	1.5%	-0.9%	-2.5%
弹性系数 ②/①	1.24	0.32	0.40	1.33	-0.57	-16.76
弹性系数 ③/①	1.30	0.23	0.31	1.47	-1.24	-9.03

资料来源：日本エネルギー経済研究所『エネルギー・経済統計要覧2013』。转引自藤井秀昭『入門・エネルギーの経済学』，日本評論社，2014 年，46 頁。

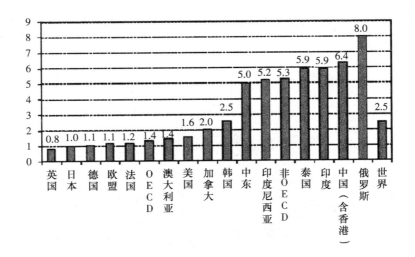

图 1-7 单位 GDP 一次能源消耗量的各国比较 (2013 年)

资料来源：日本経済産業省資源エネルギー庁「平成 26 年度エネルギーに関する年次報告」（エネルギー白書 2015）第二部エネルギー動向。

二　日本一次能源的供给状况

（一）石油

1. 原油供给

尽管与过去相比，石油在日本一次能源中的比重在下降，但仍然是最重要的能源，日本的石油几乎百分之百需要进口。如图 1-8 所示，2013 年日本的石油进口量是 366 万桶（BD），其中，来自包括沙特阿拉伯、阿拉伯联合酋长国、卡塔尔等海湾产油国的中东地区的进口量占到八成以上，这一日本原油供给的特征几十年也没有发生变化。

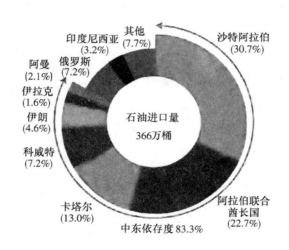

图 1-8　日本的原油供应来源地

资料来源：『エネルギー白書（2015）』及びbp 統計。

2. 自主开发原油、天然气

如前所述，日本与其他主要国家相比，国内生产的能源自给率明显偏低，石油等的供给有突然中断的风险，这给日本的能源安全带来很大威胁。因此，确保资源的自主开发权益至关重要。实际上战后日本一直致力于海外石油和天然气田的开发，千方百计获取开采权和资源权益。以石油为例，20 世纪 80 年代以前，日本石油的海外自主开发率约为 8%，到 80 年代中期超过 10%，1995—1999 年基本维持在 15% 左右。进入 21 世纪以后日本能源自主开发持续上升，2009 年以后除石油之外，天然气的海外自主开发也显著增加，包括石油、天然气在内的能源自主开发率更迅速上升，到 2013 年达到 24%（见图 1 - 9）。

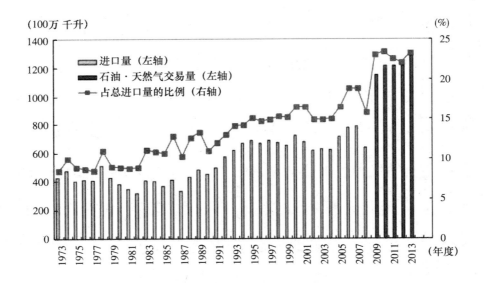

图 1-9　自主开发原油、天然气的进展

资料来源：资源エネルギー厅资料。

注：从 2009 年度开始为石油、天然气合计的交易量（换算为石油当量），自主比率为自主开发 + 国产的合计。

与中国的国情不同，日本并不存在国有石油公司，日本政府基于能源安全保障的考虑，鼓励民间企业自主进行油田的开发。民间石油公司在海外"自主开发油田"，国家并不负担投资风险，企业自主承担油田的开发及运营职能。尽管如此，巨大的石油公司的背后依然有国家的影子，获得国家层面的各种支持和鼓励。

3. 强化与石油输出国的关系，致力于供给的多元化

日本政府通过首脑外交以及民间交流等各种途径，积极强化与其原油主要进口地区的中东产油国，特别是与沙特阿拉伯及阿拉伯联合酋长国的关系。为了加强与沙特阿拉伯的关系，日本除了在能源领域之外，还在促进投资、人才培养等多方面进行合作。阿联酋集中了日本自主开发石油的四成左右，其中的60%将在2018年开采结束。因此，日本在投资、医疗、教育等多领域与其进行广泛合作，以期进一步扩大能源合作。

另外，为了实现分散供给源的目标，日本正在加强与俄罗斯、非洲产油国、加拿大、墨西哥、委内瑞拉等国在能源、资源领域的合作。安倍首相上台以后，多次访问能源、资源生产国，其目的就在于确保日本的长期能源安全。

（二）液化天然气（LNG）

1. 液化天然气（LNG）供给源

液化天然气（LNG）是日本仅次于石油的重要战略资

源。特别是东日本大地震后，核电站均陷入停机状态，日本开始大量进口 LNG 以弥补核电瘫痪带来的电力不足。如图 1 - 10 所示，与石油进口主要来自中东有所不同，日本的 LNG 供给源，其主要特征是分散在不同区域。日本 2012 年采购的 LNG 供给量为 8773 万吨，对中东的依存度约为 30%，远低于石油对中东地区的依存度。而采集澳大利亚、马来西亚、印度尼西亚等亚洲、大洋洲等中东以外地区的 LNG 约占 70%，可见日本 LNG 供给的安全程度要比石油高得多。

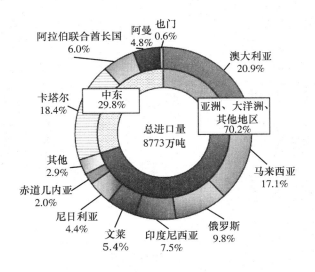

图 1 - 10　日本的液化天然气（LNG）供给源（2012 年）

资料来源：根据财务省『日本貿易統計』制作。

2. 液化天然气（LNG）进口量的变化

截至 2010 年，日本 LNG 进口量每年维持在 6000 万—7000 万吨。但是，由于 2011 年 3 月东日本大地震导致福岛核电站事故，日本进入"零核电"状态，来自核能的能源供给中断，因此天然气、火力发电的需求上升，进而使 LNG 进口量迅速增加，2013 年进口量增加至 8749 万吨的规模，2014 年又达 8851 万吨（见图 1 - 11）。

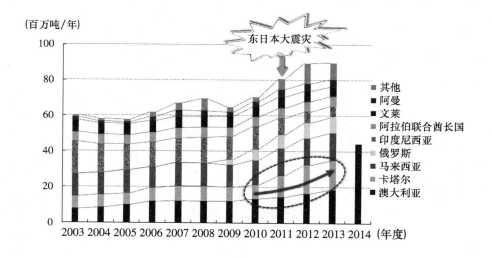

图 1 - 11　日本 LNG 进口量的变化

资料来源：财务省「通関統計」。

值得一提的是，卡塔尔是对日本因震灾导致核电站停止运转、LNG 需求量急剧增加做出回应最为迅速的国家。长期以来，对天然气需求旺盛的美国曾经是卡塔尔的主要买家，但美国页岩气革命使国内的天然气供需矛盾得以缓解，基本上利用本国产天然气便可满足，LNG 进口大幅度减少。正是在世界天然气市场发生如此变化的情况下，日本才得以从盛产 LNG 的卡塔尔紧急进口，换言之，日本通过页岩气革命间接得到了实惠。

需要注意的是，在过去的 25 年里，日本的贸易收支一直是顺差，但 2011 年的东日本大地震后出现了贸易逆差。理由很简单，日本由于国内全部核电站停止运转，LNG 作为替代燃料，必须追加进口约 2000 万吨。目前川内核电站和高滨核电站已经重启，但其他核电站的重启仍障碍重重，预计日本大量进口化石能源、贸易逆差的这种状况还将持续下去。

3. 确保稳定的天然气供给源

东日本大地震之前严重依赖核能的政策难以为继，日本正在摸索天然气供给源的多元化。有日本企业参与的具体项目涉及北美（加拿大、美国）、澳大利亚、俄罗斯、东非（莫桑比克）等。特别是美国，受页岩油气革命影响，其能源结构正在发生重大改变，有望实现能源独立的战略目标。美国政府于2010年出台解禁LNG出口的方针，日本对此抱有强烈期待。而且，日本企业已在美国确保了每年合计1690万吨的液化气购买量，这大致相当于日本LNG年进口量的近两成（见图1－12）。

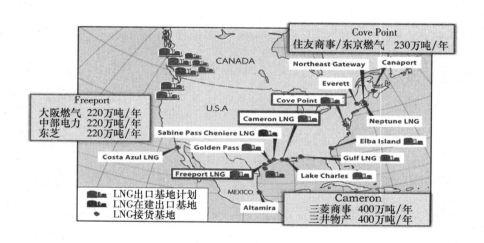

图1－12　美国的LNG出口计划

资料来源：JOGMEC资料。

另外，迄今为止日本的LNG供给合同，并非按照天然气供需价格而是以石油价格联动的方式决定的，价格十分高昂。而从美国进口LNG的价格，则是在北美天然气价格即亨利中心天然气价格基础上，与液化及运输费用相加进行计算的契约方式。可以说与美国签订购买LNG合同，不单纯是实现供给源多元化的目标，而且还将有助于价格体系的多元化，因而备受关注。

（三）煤炭

1. 煤炭供给源

煤炭也是日本重要的一次能源，约占一次能源需求量的23%左右，这在发达国家中也是比较高的比例。日本拥有较大的煤炭储量，煤炭生产在20世纪60年代之前基本可保障国内的需求。但是，能源"流体革命"之后，日本大量进口廉价的石油替代了煤炭，并对煤炭工业进行了大调整，无论是否还有开采价值，逐步关闭煤矿，而转为依靠进口来满足需求。图1-13所示的是日本的煤炭供给来源地。2012年日本的煤炭进口量为1.8亿吨，来自澳大利亚的进口量约占六成，其次是印度尼西亚约占两成，接下来是俄罗斯、加拿大，从中国进口的煤炭仅占1%。

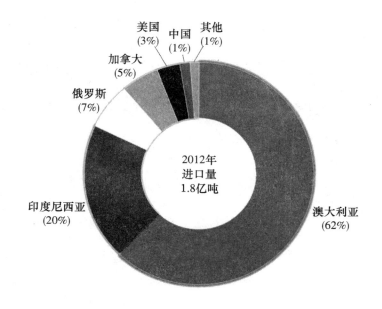

图 1 - 13　2012 年日本的煤炭供给来源地

资料来源：『エネルギー白書』、IEA 资料。

2. 消费动向

20 世纪 60 年代后半期，日本用于电力事业的煤炭消费量超过了 2000 万吨，随着煤炭火力发电逐渐转向石油、天然气火力发电，到 1975 年煤炭消费量已降至 757 万吨（见图 1 - 14）。但在第二次石油危机之后，作为石油替代政策的一环，伴随煤炭火力发电厂的新设及扩容，煤炭的消费量再度激增，现在煤炭火力发电厂已成为最大的煤炭消费部门。

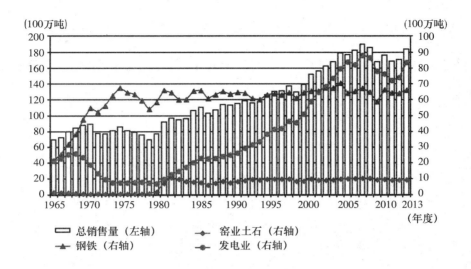

图 1－14　日本的煤炭消费动向

资料来源：経済産業省資源エネルギー庁「平成 26 年度エネルギーに関する年次報告」（エネルギー白書 2015）第二部エネルギー動向。

三　未来能源需求预测

（一）　世界各地区的能源需求预测

国际能源署（IEA）2014 年秋季发表的 *World Energy Outlook 2014*，以 2040 年为目标年，对世界各地区不同能源类别的需求进行了预测。根据上述预测，与世界其他国家相比，亚洲的能源需求会大幅增加，预计将成为世界整体能源需求增加的牵引地区。另外，从不同能源类别来看，尽管煤炭仍将以其低廉价格继续保持主要一次能源的地位，但从增长率来看，天然气增长速度会更快，主要能源向天然气过渡的步伐将逐渐加快（见图1－15）。

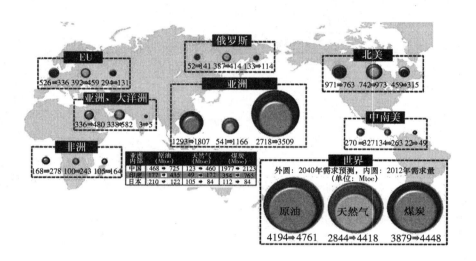

图1－15　世界各地石油、天然气、煤炭的需求预测

资料来源：IEA，"World Energy Outlook 2014"。

　　为满足区域内旺盛的能源需求，不仅区域内能源贸易将会增加，预计亚洲地区还将大幅增加来自域外的能源进口。具体而言，除在亚洲历来占较大份额的煤炭以外，来自北美页岩油气革命的 LNG 出口、澳大利亚新建 LNG 项目及来自包括非洲在内的各地区的 LNG 都将流入亚洲。如此，煤炭和天然气各自的优势将被更加有效地利用，竞争市场份额的时代即将到来。①

关于天然气及 LNG 供需方面的不确定性，各地区都有各自不同的原因。首先，最大的不确定因素就是日本核电站重启的前景。除此之外，还有其他不确定因素：

第一，中国的天然气需求和供给情况。中国经济进入转型阶段，为防止大气污染而扩大天然气消费的比重，特别是在发电方面表现尤为显著。此外，中国页岩（油）气的储量也比较大，现正在进行实验性开发，倘若产量能大规模扩大，对国际天然气的贸易会有重大影响。

第二，由于美国页岩气革命和石油价格暴跌的影响，俄罗斯在天然气出口方面正在摆脱对欧洲的依赖，转而重视亚洲的动向。

第三，印度尼西亚、马来西亚等 LNG 输出国因其国内天然气需求剧增，也存在减少 LNG 出口量的可能，这也会对国际市场前景造成一定影响。

第四，澳大利亚新建 LNG 项目，由于成本增加及油

---

① ［日］高井裕之、宫之原正道：《页岩气革命与日本的能源安全保障》，载王洛林、张季风主编《日本经济蓝皮书（2015）》，社会科学文献出版社 2015 年版，第 178 页。

价下跌等原因，企业对是否能赢利表示担忧，因此将要延期启动。这也会给国际天然气市场带来新的不确定性。

（二）日本能源供求方面的不确定性

如前所述，东日本大地震以后，2014 年日本国内核电站全部处于停止运行的状态。负责核电站安全规制的日本国家机构原子能规制委员会，根据福岛核电站事故的教训而制定的新规则标准已于 2012 年开始施行。现在，该委员会正在依据新规则标准对各电力公司提交的核电站再启动申请进行逐一审验，以确定其是否符合重启条件。

位于鹿儿岛县的九州电力公司川内核电站 1 号机组最先重启。该核电站于 2014 年 9 月通过了原子能规制委员会新标准审验，确认为合格；同年 11 月又获得了当地政府的许可，并于 2015 年 8 月正式重启。2015 年 11 月川内核电站 2 号机组重启。2016 年 1 月 29 日，位于福井的关西电力公司高滨核电站 3 号机组也已经重启。其他具备合格条件的核电站也将实现重启，但在具体时间上，由于需要获得原子能规制委员会新标准的审验通过及当地政府的许可等，因此尚存在许多不确定因素。

需要指出的是，安倍政权于 2014 年 4 月以内阁决议的方式，通过了具有中长期能源政策指南性质的新"能源基本计划"，将核电定位为"重要的基荷电源"，确定了一旦判断符合安全条件就实施重启的方针。至于核电未来占电力总量的比重迟迟没有确定下来，政府有关部门、相关大企业以及学界经过反复研究和讨论后，于2015年7月确定了"最佳电源结构"，到2030年核电占22%—20%（见图1-16）。但是，国民反核意识强烈，今后上述指标能否实现仍然具有很大的不确定性。

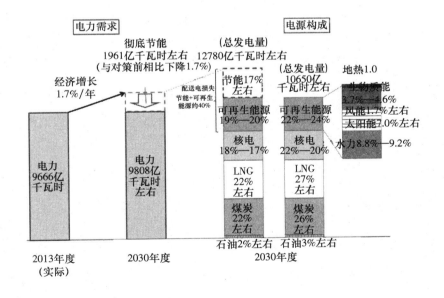

图 1 - 16　日本最佳电源结构示意

资料来源：経済産業省『長期エネルギー需給見通し』，2015 年 7 月。

第二章　日本能源战略的历史变迁

一　日本能源战略的演进

　　日本能源贫乏，但却很好地解决了能源安全问题，实现了经济腾飞和长期稳定发展。其中，日本的国家能源战略发挥了重要作用。战后日本的国家能源战略具有准确性、灵活性和特殊性，颇值得借鉴。其实，关于国家能源战略，并没有统一的定义。日本最早使用"能源战略"一词的政府能源政策文件是 1978 年发表的《面向21 世纪的能源战略》，此后再次出现"战略"两个字的政府能源文件是 2005 年发表的《面向 2030 年的中长期能源战略》，而 2006 年发表的《新国家能源战略》影响也较大。除了国家级的综合能源战略外，比较重要的还有 2007 年发表的《能源技术战略（技术战略路线图 2007）》，2011 年发表的《节能技术战略（2011）》及 2012 年发表的《革新性能源及环境战略》。当然，没有使用"战略"一词的时期，并不等于当时日本没有能源战略，实际上日本的能源战略一直贯穿于日本经济发展的各个历史阶段。能源安全、经济效率和环境保护即"3E"（Energy Security、Economic Efficiency、Environmental Protection）原则是日本能源战略最重要的精髓，而日本能源所追求的"3E"协调发展，在不同的历史阶段各有所侧重。到东日本大地震之前，日本能源战略的制定与实施，大体可分为四个阶段：

第一阶段：在 20 世纪 70 年代之前，是日本能源战略摸索与草创时代。这一时期日本完成了石油替代煤炭的所谓"流体革命"，能源战略主要是围绕经济复兴和高速增长而展开的。

第二阶段：克服石油危机时代（1973—1985 年）。国内能源资源贫乏，而国际能源形势日趋严峻，能源短缺很可能成为阻碍经济发展的瓶颈，能否确保能源安全供给成为日本经济的头等大事。正因为如此，这一时期日本的能源战略重点是围绕能源安全（Energy Security）

展开的。也可以说日本主要的能源战略都形成于该时期。

第三阶段：经济全球化时代（1985—1997 年）。这一时期能源供需关系大大缓和，油价低迷，从而保证了在日元升值背景下日本国际竞争力的提高，由于能源市场放松规制和自由化等促进竞争政策的实施，使能源成本大幅度降低。能源供给安全问题相对缓和，因此这一时期日本的能源战略主要是围绕提高经济效率（Economic Efficiency）展开的。

第四阶段：低碳时代（1997—2010 年）。1997 年《京都议定书》的签订，使日本朝野上下乃至全社会对气候变化的风险以及减少温室气体排放和构筑低碳社会的认识，提高到前所未有的程度。因此，这一时期的能源战略主要是围绕环境保护（Environmental Protection）展开的，减排、节能和扩大非化石能源利用比重成为这一时期的关键词。

以下大体按照时间顺序，对日本能源战略的演变加以概述。

（一）重点发展煤炭与钢铁的战略

战后百废待兴的日本经济，到处缺少能源和各种重要物资的支持。日本原本就是资源小国，战败后，从海外获取资源的途径又变得极其狭窄，致使日本不得不制定适应当时国情的能源国家战略。由于各类主要物资紧缺，恢复经济基础急需增产煤炭和钢铁，如此才能带动机械、交通运输、生活用品等其他产业发展，让经济逐步走上服务于国民生活的轨道。为保障战后经济复兴对能源的需求，日本确立了优先发展煤炭产业为主、努力开发水电的基本能源战略。战后初期实行的重点发展煤炭和钢铁工业的所谓"倾斜生产方式"拉开了日本能源战略的序幕，为实现战后复兴做出了重要贡献。

（二）"油主煤辅"的能源结构转型战略

经济高速增长初期，因工矿业生产和国民生活对电力和煤炭的需求增长较快，国家能源战略重点就继续放在发展电力和增加煤炭供给上。在这一阶段，政府还出台了一些稳定煤炭价格的政策，保护国内煤炭产业不受外来廉价煤炭和石油的冲击。但 20 世纪 50 年代中后期，日本国内煤炭资源已经趋于枯竭，受政府保护而维持在高价的国产煤炭，在价格低廉、品质又好的进口煤炭以及石油的冲击下，市场竞争力日益下降。

　　进入高速增长中期以后，日本能源进口供给力快速增强，受国家能源政策的扶持，电力、煤炭、石油等重要能源领域都获得较快发展。1960年电力总体的设备能力比1951年扩大了2倍。这一时期积极发展电力的国家能源战略，支持了日本电力供需的增长，也促进了日本经济的现代化进程。石油是这一时期迅猛发展起来的又一个能源支柱。日本石油进口在20世纪50年代开始大量增加，最初曾经以进口石油产品为主，但50年代中后期，石油产品进口量增长缓慢，原油进口猛增。石油很快成为日本火力发电的主角，大幅度取代了煤炭。

　　在日本电力工业从"水主火从"转变为"火主水从"后，能源结构也发生了"油主煤辅"的根本性变革。此后大量进口石油资源，推进海外石油开发，确保石油稳定供给，成为高速增长期国家能源战略转型的鲜明标志。如何保障海外石油源源不断流进日本？如何快速培育石油产业？在国内如何合理配置石油资源，用石油资源帮助日本实现产业升级和经济现代化等都是这个时期国家能源战略重点所在。日本高速增长期的国家能源战略转型，不仅是日本自身经济发展的需要，也是世界经济和能源形势所迫，是顺应当时西方发达工业国为主的世界能源潮流的一种必然选择。[①]

（三）替代石油战略

1973 年第一次石油危机爆发后，日本意识到"能源资源无限供给的时代已经结束"，依靠廉价石油发展经济已不可持续。在高价石油的巨大压力下，日本整个国家进入了艰苦卓绝的能源战略转型阶段。上到国家决策层，下到企业和国民，全社会都意识到日本经济过度依赖进口石油的危险。调整能源结构，发展石油替代能源，同时全面开展节能运动，谋求能源多样化，力争进口能源多元化，促进原油自主开发，抓紧加入国际石油储备体系，是这次日本国家能源战略调整和转型的主要方向和重点工作。

石油替代战略主要包括核能战略、天然气战略、能源多元化战略、"阳光计划"等。其中核能战略和天然气战略在日本降低石油依赖的"脱石油"努力中，起到很大作用，可以说，日本主要依靠发展核能和天然气，大幅度降低了对石油的依赖。

[①] 张季风编：《日本能源文献选编：战略、规划、法律》，社会科学文献出版社 2014 年版。

在 1973 年，核电仅占日本一次能源供给的 0.6%，微不足道。经过石油危机以后的大力推进，到 1990 年其占比上升到 9.4%，到 20 世纪末其占比上升到 13.7%。在 2011 年日本大地震前，核电已经占日本一次能源供给的 14% 左右，占电力供给的 30% 左右。核能战略对保障日本能源稳定供给、提高能源国产比率、稳定电价、减少碳排放都起到了重大作用。

日本在 20 世纪 60 年代末开始进口天然气，但天然气价格比石油昂贵，铺设天然气管道、建造天然气运输船舶、建设与天然气相关的基础设施都需要大笔投资。天然气从开采到进口，再到规模化利用，存在技术难题和成本较高的问题。在廉价石油时代，日本发展天然气的速度远不及发展石油的速度。石油危机后，天然气作为石油替代的一种能源选择，被提到日本能源战略的日程上来。从政府到企业，开始积极推动日本的天然气扩大利用。主要是在发电领域和民用领域。在发电领域，日本计划用燃气火电站取代一部分燃油火电站。这也与石油危机后国际能源组织（IEA）对石油发电站建设作出限制有关。1979 年 5 月，国际能源组织提出原则上禁止新建燃油火力发电站，当时燃气火力发电站没有被列入限制对象。日本在石油危机后积极发展天然气火力发电，既有助于实现石油替代的能源战略转型，也有利于减少大量使用石油、煤炭等不清洁能源给社会带来的重度污染。发展天然气战略兼顾了能源转型和环境保护。

第一次石油危机爆发的 1973 年，石油在日本一次能源供给中占 75.5%；1980 年其占比降至 66.1%；1985 年降至 56.3%；1990 年有所回升，升至 58.3%；1995 年石油占比又有所下降，降至 55.8%；2010 年又降至 40%，与 1973 年相比，降低了 30 多个百分点，取而代之的是核能与天然气。

（四）能源多元化战略

实际上这一战略与替代石油战略密切相关。能源多元化战略一般有两层含义，一层含义是让能源结构更加多元化，不要过度集中在一两种能源上，比如过度依赖煤炭和石油；还有一层含义是能源获取的地区应该有更多选择，不宜过于集中在某一地区。在没有引入石油以前，日本的能源来源主要有薪柴、煤炭和水力。20 世纪 60 年代，随着世界快速进入石油经济时代，日本的能源来源也随之发生巨大变化，薪柴作为能源淡出日本，煤炭、石油、水力成为最主要的能源来源。石油危机后，日本采取能源多元化战略，在大力发展核能的同时，也注意发展天然气，积极推动利用太阳能和风能，鼓励探索利用地热、潮汐、废弃物发电等新能源的研发。

在进口能源多元化方面，日本海外能源开发除了中东地区的石油以外，还增加了对中国、澳大利亚、东南亚国家等亚太地区和俄罗斯的能源开发与进口，其中包括：中国的石油和煤炭，澳大利亚的煤炭，东南亚国家、俄罗斯的油气资源开发和进口，以及从美国阿拉斯加进口天然气等。从 20 世纪 90 年代以来日本坚持实施石油多元化战略，目前其石油供应国和地区多达 40 个，尽管如此，严重依赖中东地区的局面仍未发生改观。

（五）石油危机后的节能战略

节能战略是日本遭遇石油危机后进行国家能源战略转型的重要举措。石油危机以后，日本从政府到企业，几乎是全社会总动员，大力推行节能。首先国家从法律层面制定有利于开展节能的法律法规，1979 年制定了《节能法》。该法明确了日本全国开展节能的方向和国家支持节能的政策精神。为综合推动工厂、建筑物、机械器具的节能，《节能法》提出了各个事业领域的企事业单位应该采取的举措，明确了国家对这类节能举措可以给予哪些政策支援。在石油危机后，国家还设置了稳定国民生活紧急对策，对开展消费节约运动和节约使用石油、电力进行行政指导。

20世纪80年代以后日本产业的节能指标，显示出石油危机以后日本国家节能战略收效甚大。例如制造业平均能源消费指数，1973年为100，1990年降为53，2011年又进一步降至40。[①] 1990年的制造业GDP规模和盈利远远超过了1973年，而每单位GDP的能源消费大幅度降低。日本制造业在节能机械器具、节能工序、节能体系等各个方面，进行了全方位努力，有力地推升了全社会节能效果。制造业调整产业结构，压缩耗能产业，发展高附加价值和低耗能的制造业，对降低制造业整体能耗也功不可没。

运输和民生领域的节能也很重要。在石油危机发生的20世纪70年代，运输和民生领域的能源消费所占比

---

① 藤井秀昭『入門・エネルギーの経済学』、日本評論社、2014年、51頁。

重不像产业那么大，在1973年的日本能源消费中，产业占65.5%，民生占18.8%，运输占16.4%，当时节能的重点首先是产业，其次是运输和民生领域。在运输领域，推广使用节能交通工具，改进交通体系，减少交通体系不合理造成的能源浪费；在民生领域，推广家电节能和节能生活方式。这些努力都帮助日本走向了节能大国。如前所述，日本产业界，特别是制造业的节能效果最有成效，到2011年，产业的能源消费在能源总消费中的比例降至43%，民生占34%，运输占23%，看来今后的重点节能领域是民生部门和运输部门。

近年来，日本政府加大了在节能领域的政策实施力度，从以下一些方面入手，确保节能政策落实到位。

1. 财政预算

日本政府拨出专款用于新能源及节能领域。经济产业省资源能源厅2014年预算中新能源、节能专项预算总额达到了3001亿日元，而同期的经济产业省能源对策特别会计预算总额为8727亿日元，[①] 新能源、节能预算主要以各种补助金的形式促进新能源开发和节能。

---

① 経済産業省資源エネルギー庁『平成26年度新エネルギー・省エネルギー関連予算案の概要』。

2. 完善节能立法与制定节能定量评价指标体系

日本政府对节能法体系进行不断的修订和完善，对重点用能企业的责任、政府在节能上的管理职能等都做了严格界定。同时还制定了一系列的定量化的评价指标，在反映经济活动中资源的投入的同时对资源利用效率和环境影响效果进行评估。

3. 制定设备能效标准、标识

日本政府实施"领跑者产品"能效基准制度，即对汽车和电器产品（包括家用电器、办公自动化设备等）制定不低于市场上最优秀商品水平的能效标准，并明确实施的目标年度。早在1999年就开始对汽车、商用和家用电器设备等实行强制性能效标识制度，以利于消费者对产品能效进行比较。

4. 对重点耗能企业加强管理

政府委托节能中心对企业进行能源审计，对这些企业的工厂用热、用电及建筑物热损失等提出具体要求，并要求他们必须配备专职能源管理士，每年必须向经济产业省及相关部门报告能耗状况。如不能按期完成节能目标，又不能提出合理的改进计划，主管部门有权向社会公布，责令其限期整改，并处以一定的罚款。

5. 加大建筑管理

日本《节能法》规定，政府应对办公楼、住宅等建筑物也提出明确的节能要求，并制定了建筑物的隔热、隔冷标准。从 2003 年 4 月开始，新建或改建项目必须向政府有关部门提交节约能源的具体措施。在 2007 年 3 月底之前，建筑面积在 2000 平方米以上的新建办公楼和住宅等，必须将建筑物的热、冷损失系数降低 20% 以上。2008 年，日本政府再次修改《节能法》，将节能措施报告义务范围扩大到 2000 平方米以下的新建建筑。①

6. 开展节能宣传和节能奖惩活动

为在全国范围内推广节能，政府设定节能日，每月的第一天对节能活动进行评估并确定其成果；每年 2 月为节能月，面向普通消费者和公共机构，举办能源效率展览和各种大型宣传活动。经济产业省定期发布节能产品目录，开展节能产品和技术评优活动，分别授予经济产业大臣奖、资源能源厅长官奖和节能中心会长奖。

---

① 一般财团法人建筑省エネルギー機構『建築物（非住宅）の省エネルギー基準と措置の届出ガイド』。

（六）石油储备战略

石油储备战略是日本的一项基本国策。早在20世纪60年代末，日本已经开始意识到石油储备的必要性，1972年日本政府对石油储备实施行政指导，在通产省智囊机构"综合能源调查会石油分会"的提议下，日本先是制定了一个储备45天用量的目标，后来又将储备目标提高到60天。

第一次石油危机以后，国际能源署（IEA）成立，规定其成员国有储备石油的义务，其数量应达到可供本国90天的使用量。日本作为成员国自然要履行这一义务，同时对进口原油的高度依赖也促使日本政府加快建立战略石油储备制度的步伐，1975年制定了《石油储备法》，规定政府必须储备可供90天、民间必须储备可供70天消费需求的石油。经过30多年的不断完善，日本石油储备制度已成为能源安全的重要保障。与其他国家石油储备不同的是，日本石油储备带有强制性。2003年，日本建成的国家石油储备基地为10个，国家石油储备设施容量占全国的51%—52%。其储备方式有地面罐、地下罐、地下岩洞等。此外，日本政府还租借民间21个石油储备设施，所储备的石油保存在各石油加工厂和销售网点。日本的国家储备全部是原油形式，民间储备中原油和成品油各占一半。2013年3月，国家与民间储备合计8590万千升，可供全国消费185天，其中国家储备可供消费102天，民间储备可供消费83天。

此外，日本还有液化石油气储备。1981年，日本按照《石油储备法》的规定启动了民间液化石油气储备。按照日本政府的计划，到2010年日本液化石油气储备量要达到相当于80天的进口量，其中30天为政府储备、50天为民间储备。东日本大地震发生后的2011年4月4日，位于茨城县境内的国家储备基地提供的紧急救灾液化石油气（LPG），对抗震救灾发挥了巨大作用。

迄今为止，日本已从国家预算中支出近2万亿日元用于国家石油储备项目以及民间储备补贴。这笔庞大的开支被认为是必不可少的"国家安全成本"。为了解决石油储备需要的巨额资金，日本开设了所谓"石油储备财政"，即对进口原油和成品油收取石油税并设立石油专用账户，税金主要用于国家石油储备。同时，日本还编制了国家石油储备特别预算，作为战略石油储备和液化石油气储备的专项资金。为了扶持企业为完成石油储备义务而建设新增的石油储备设施，日本政府对企业进行必要的财政和金融支持；对为完成石油储备义务而采购的原油，政府通过日本石油天然气金属矿物资源机构（JOGMEC）对超过45天的储备量所需资金的80%提供低息贷款。

（七）"3E"协调发展战略

进入20世纪90年代中期以后，为了应对全球化时代突出的环境问题、地球温暖化问题以及石油资源竞争加剧问题，日本国家能源战略不得不再次考虑调整。这一时期的日本能源政策、战略目标更加明晰，并且向更加全面和综合协调的方向发展。那就是实现能源安全（Energy Security）、经济效益（Economic Efficiency）和环境保护（Environmental Protection）的协调发展。"3E"中的三个因素同样重要，不可偏废。确保能源安全、提高能源效率、积极开发新能源和可再生能源，以及合理利用核能源对实现"3E"目标具有重要意义。在增强能源的环境协调性方面，控制能源总体消费、减少碳排放、走向脱离化石类能源、提高能源效率等，成为能源环境战略的重要内容。

进入 21 世纪，由于世界能源供需形势急剧变化，日本再度转向积极发展核电的方向。在 2005 年提出的中长期能源战略、2006 年的《新国家能源战略》以及 2007 年的《能源基本计划》中，日本政府都强调要推进核电发展。在 2010 年《能源基本计划》中也提出要进一步大力发展核电事业。毫无疑问，日本的核能战略中增加了对世界环境的考虑，即减少温室气体排放。推进核能战略的同时，日本还反复强调要致力于发展非化石能源，即发展太阳能、风能、地热、水力等低碳和零排放能源。

二　日本能源计划概述

能源战略、能源政策确定之后，还需要制定具体的计划加以实施。因此可以说日本能源计划是能源战略的重要组成部分，是能源战略的具体化。日本虽然是市场经济国家，但是从战后到 21 世纪初就一直制定经济计划。尽管其经济计划不是指令性计划，而是指导性计划，但也在提供信息、明确发展方向等方面对国家的宏观经济运行、企业经营发挥了重要的引导作用。日本经济计划的体系十分清晰，既有总体性经济社会计划，也有各部门主导的部门计划，能源计划就是其重要的部门计划。现行的能源基本计划是依据 2002 年颁布的《能源政策基本法》而制定的，根据该法，每三年要制定一次能源基本计划，到目前为止已制定四次，此前虽然没有被称为"能源基本计划"，但在战后日本经济发展的各个时期能源计划也一直是存在的。

（一）第一次石油危机之前的能源计划

战后初期，日本的第一个经济计划——《国土复兴计划纲要》（1945 年 9 月制定）就提出了从美国进口重油的计划。当时日本所推行的著名的"倾斜式生产方式"，就是首先根据日本经济学家、东京大学教授有泽广巳的建言确立的基本方针，随后由吉田政府于 1946 年 12 月 27 日发布《昭和 21 年（1946 年）第四季度基础物资供需计划策定及其实施要领》，并根据这一"要领"具体实施的。在一定意义上讲，这一"要领"是战后日本最初的能源基本计划。该计划确定以国家为主导，推动煤炭和钢铁等主要产业率先发展，进而带动其他产业发展，最终实现了日本经济整体复兴。此后，以引进先进技术和生产大型化为背景推行煤炭产业合理化计划，逐渐接受"流体革命"的潮流。

进入高速增长时期以后，日本能源需求量剧增，政府更加重视综合能源政策和计划。日本的综合能源政策是在 1960 年开始的石油自由化政策的讨论中形成的。1962 年 5 月在产业结构调查会议中设立了综合能源部门会议（有泽广巳任会长），专门研究能源政策与能源计划。该部门会议于 1963 年 12 月第一次就能源"流体革命"下的能源综合政策和石油政策的定位进行讨论，明确提出"低价、稳定、自主性"的综合能源政策三原则。

其后的 1965 年 8 月设立了通商产业大臣咨询机构"综合能源调查会"，1967 年 2 月出台"综合能源调查会第一次咨询报告"，提出实现上述三原则的具体目标和措施体系，可以说这也是高速增长时期具有代表性的能源基本计划。这一报告提出，以当时可以低价进口石油为中心设定能源供需结构，确保石油的低廉、稳定和自主性，以此维持经济高速增长，与此同时，该报告又面向未来提出开发核电和液化天然气等新的供给能源。

在高速增长时期，除了综合能源计划外，也制定过一些煤炭、石油、天然气和核电方面的发展计划。1965

年以来，日本政府每隔几年就要对未来能源供给与需求量和能源结构进行预测。这些文件成为上位基本方针，政府根据这些基本方针制定具体能源计划。

（二）克服石油危机时期的能源计划

石油危机爆发以后，日本加强了对能源政策的调整。1971—1985 年的 15 年间日本能源政策与能源计划开展过程，可分为四个阶段：

第一阶段是从 1971 年至 1973 年 10 月。这一时期的焦点是，面对石油价格上涨，积极推进自主开发海外石油资源，制定纠正高速增长政策错误的公害对策与计划。

第二阶段是 1973 年 10 月至 1975 年年底。为克服第一次石油危机所带来的影响，在石油非常时期对策和原子能、电力、城市热能对策等方面采取了强有力的措施，并着手制定节省资源、能源对策和新能源技术开发计划。能源对策阁僚会议批准了"综合能源政策的基本方向"方案。在这一阶段，为克服石油危机而制定的石油非常时期对策于 1974 年 9 月 1 日解除，同年 8 月 30 日，在内阁设立了"保护资源能源运动本部"，公布了《综合能源调查会综合部会中间总结报告》，9 月 3 日公布了节省资源的主要项目和实施细则，其后以大众运动的方式呼吁节省资源和能源。

第三阶段是 1976 年至 1978 年。这一阶段，主要是根据《石油储备法》提出石油储备具体计划，从 1976 年开始实施以能源清洁化、液化为内容的利用国内煤炭和促进国外煤炭进口的长期新煤炭政策与计划。这一时期能源政策与能源计划的特征是，计划了长期能源政策与能源长期展望，积极推进开发多元化能源的"具有整体性和时效性的综合能源政策"。

第四阶段是 1978 年至 1985 年，这一阶段由于受到伊朗革命（第二次石油危机）的影响，石油价格再度上升，日本能源面临着新的挑战。以此为契机，改变日本依赖石油的经济结构再次成为燃眉之急的课题，日本政府开始探讨从根本上"摆脱石油"的石油替代政策体系，相关的计划也被相继提出。

20 世纪 70 年代以来，公布的主要能源政策、能源展望有：《昭和 50 年代能源稳定化政策》（1975 年 8 月）、《日本能源问题的长期展望——2000 年的选择》（1976 年 12 月）、《面向 21 世纪的能源战略》（1978 年 10 月）、《新长期能源供需临时预测》（1979 年 8 月）、《对长期

供需展望的再探讨——综合能源对策推进阁僚会议公报》
（1982 年 5 月）、《长期能源供需展望与能源政策总检查》
（1983 年 8 月）。

（三）"阳光计划"与"月光计划"

值得关注的是，20 世纪 70 年代日本除了综合能源计
划外，还实施了著名的以开发新能源为内容的"阳光计
划"和以开发节能技术为内容的"月光计划"。

日本政府在 1973 年发表"阳光计划"构想，1974
年 3 月 18 日，由通商产业省大臣中曾根康弘签名，发布
了"阳光计划实施要领"。该计划提出未来日本新能源
开发的总体目标和期限，各类新能源技术开发的具体目
标和时间。通商产业省工业技术院等部门和组织，从
1974 年开始着手实施这个计划，最终实现目标定在 2000
年。这是一个超大规模的国家计划，预算需要总投资达
1 万亿日元以上。"阳光计划"涉及的新能源开发主要有
太阳能、风能、地热等能源的开发与利用，煤炭液化和
气化技术、氢能技术的开发与普及应用。技术开发重点
是针对上述能源的采集、输送、利用和储存。"阳光计
划"促进了日本新能源产业的发展。太阳能的热利用和

光电转换技术均居世界前列，地热发电、波浪发电、燃料电池进入商业性开发，还对褐煤液化和高热值煤气化进行了大规模试验。

"月光计划"从 1978 年开始实施，1993 年研究结束。该计划也由通商业省工业技术研究院组织实施。计划包括大型节能技术研究开发、尖端基础性节能技术研究开发、国际合作研究、节能综合效果评估方法的调查、资助民间节能技术研究开发和推动标准化节能六个大的方面，所涉及的节能技术包括电磁流体发电、高效汽轮机、新型电池电力储存系统、燃料电池发电、通用斯特林发动机、废热利用技术系统等上百个项目。

1993 年，"月光计划"与"阳光计划"合并，后来又统合为"新阳光计划"。该计划的主要目的是在政府领导下，采取政府、企业和大学三者联合的方式，共同攻关，克服在能源开发方面遇到的各种难题。其主导思想是实现经济增长与能源供应和环境保护的平衡。该计划的主要研究课题大致可分为七大领域，即可再生能源技术、化石燃料应用技术、能源输送与储存技术、系统化技术、基础性节能技术、高效与革新性能源技术、环境技术等。可再生能源技术研究包括太阳能、风能、波力发电、温差发电、生物能和地热能技术等，其中最受重视的是太阳能。为了保证该计划的顺利实施，日本每年为此拨款 570 多亿日元，其中约 362 亿日元用于新能源技术的开发，预计该计划将延续到 2020 年。

（四）谋求"3E"平衡的能源计划

进入 20 世纪 80 年代末以后，环境问题越来越受到世人的关注，日本的能源政策也从注重能源安全（Energy Security）和经济效益（Economy Efficiency），在 1989 年正式引入重视环境保护（Environment Protection）的理念，也就是说保护地球环境问题的意识越来越强。基于此，1990 年 6 月，综合能源调查会发表题为《迎接地球规模的能源新潮的挑战》（中间报告），1992 年 11 月产业结构审议会、综合能源调查会、产业技术审议会三个审议会联合组成的能源环境特别部门会议发表了《关于今后的能源环境对策的理想状态》，提出了有效利用能源、构筑新型区域能源有效利用体系等 14 条建议。1993 年 12 月综合能源调查会基本政策小委员会发表《实现强韧而且柔和的能源供给体制的目标》，进一步强调环境保护观念。1997 年 11 月九个审议会联合发表题为《以抑制综合能源总需求对策为中心的地球温暖化对策的基本方向——构筑小环境负荷的社会》的报告书。2001年7月综合能源调查会综合部会、供需部会发表题为《今后的能源政策》的报告书，明确提出同时实现"3E"的目标。

（五）《能源政策基本法》框架下的能源基本计划

2002年6月日本颁布《能源政策基本法》，该法明确规定日本政府每三年要制定"能源基本计划"，确定"能源供求政策措施的基本方针"和"有计划地采取有关能源供求的长期性、综合性政策措施"。2003年以后依据《能源政策基本法》制定第一部名副其实的《能源基本计划》，标志着日本能源基本计划进入法制化、制度化的阶段，2007年和2010年都是按照法律规定，相隔三年制定一次，本来应当在2013年制定新的能源计划，但是由于在如何对待发展核电站的问题上意见分歧较大，最后拖后一年于2014年4月新的能源基本计划才得以问世。

1. 《能源基本计划（2003）》

2003年10月根据《能源政策基本法》第五条和第十二条的规定，日本制定了第一部有专门法依据的为期三年的《能源基本计划（2003）》。该基本计划提出了

"能源供需相关措施的基本方针"，重申了确保能源的稳定供给、适于环境和活用市场原理这一"3E"基本原则。确定在能源最佳搭配中，将核电定位为基荷电源，同时也将天然气列为最重要电源之一。不过，针对这一计划，许多人也在事故风险、核燃料再利用的责任规定的不明确和国家在干扰原子能事业等方面提出许多质疑。但是，尽管存在许多不同意见，政府并没有停下发展核电的脚步，于2005年发表了旨在大力发展核电事业的《原子能立国计划》，将核电明确定位为能源最佳结构中的基荷能源。

2.《能源基本计划（2007）》

2007年制定《能源政策基本法》框架下的第二个能源基本计划——《能源基本计划（2007）》。该计划与《新国家能源基本战略》相辅相成，在再次确认"3E"基本原则的基础上进一步强调节能的重要性，同时强调能源品种的多样化，特别强调核电站的发展和新能源的开发，强化和充实石油储备制度，并且提出要把制定能源技术战略提到议事日程。

3.《能源基本计划（2010）》

2010年民主党内阁制定了《能源基本计划（2010）》，

该计划与前两次计划的最大区别在于，更加重视环境问题。该计划要求家庭和汽车等造成的"生活二氧化碳"排放量减半，还提出要使下一代输电网等与新能源有关的产业成为经济增长的支柱。在 2020 年前，要使下一代新能源汽车销售量占新车销售量的一半；2030 年前，家庭照明要普及高节能发光二极管。与此同时，还明确提出要扩大利用太阳能和风能等可再生能源；在 2020 年前，新建 8 座核电站；并在 21 世纪 20 年代初期建成新一代输电网。该计划还十分重视能源的自给率，作为确保能源供应稳定的措施，特别强调"自主能源比率"的提高，所谓"自主能源比率"不仅包括传统意义上所指的国内资源，而且包括日本在海外投资的可获得资源。提出 2030 年要使能源自主率由现在的 38% 提高到 70%。

4.《能源基本计划（2014）》

2014 年 4 月自民党安倍内阁制定了《能源基本计划（2014）》，这是东日本大地震与福岛核事故后政府制定的首份能源基本计划。按《能源政策基本法》的规定，该计划应在 2013 年出台，但由于受福岛核电站事故的影响，国民反核意识空前高涨，日本各种势力对"留核"与"去核"争论不休，致使该计划一直拖到 2014 年 4 月才得以出台。该计划反映了安倍政府将核电纳入经济增长战略的政策，彻底告别民主党执政时提出的"零核电"方针，不顾民众的反对，将核电定位为"重要的基荷电源"并写明推动核电站重启的方针。关于可再生能源，该计划提出"从 2013 年开始的 3 年左右时间里，要最大限度加快导入可再生能源的速度，之后也要积极推进。为此，日本政府将强化系统、合理化规制并开展低成本化研究工作。日本将成立可再生能源的相关阁僚会议，在强化政府指挥作用的同时，促进相关省厅之间的合作。通过这些举措，力争设置比过去的能源基本计划更高的目标"，显露出了举政府之力加快发展可再生能源的姿态。计划中还提出将实现电力与城市燃气零售的全面自由化。

第三章　日本能源战略制定机制与监管机制

一　日本能源战略与规划的决策机构

经济产业省主管国家的能源总战略制定和实施，并通过建立能源咨询委员会、国际石油调控机构、能源管理体系来指导和管理能源战略的实施。经济产业省通过遍及全国的各级"能源管理体系"指导国内能源消费，对生产企业和居民生活等能源消费进行节能和增效技术培训。而其下属的资源能源厅则负责日本能源政策的制定工作，主要制定相关自然资源的合理开发、能源供应安全、提高能效、电力和其他能源工业的监管政策等。

日本能源战略的决策，既有作为"核心"机关的政

府机构的主导，也有作为"外围"机构的能源相关机构
的参与，确保了政策制定过程科学、审慎。在制定和执
行日本能源战略的过程中，综合能源对策推进阁僚会议、
综合资源能源调查会和资源能源厅被誉为"三驾马车"。
而石油天然气金属矿物资源机构（JOGMEC）和新能源
产业技术综合开发机构（NEDO）则是它们的补充与
辅佐。

（一）综合能源对策推进阁僚会议

综合能源对策推进阁僚会议是一个由经济产业省、
财务省、农林水产省、厚生劳动省、内阁府等阁僚（部
长级）参加的会议，主要进行能源政策在各部门之间的
协调工作。

（二）综合资源能源调查会

综合资源能源调查会是由资深能源专家、环保专家
和经济专家等专业人士组成的，负责对日本长期能源需
求进行预测，并向政府提供能源政策咨询和预测报告的
工作。

（三）资源能源厅

资源能源厅作为官方正式机构对日本能源事业进行管理、监督和指导，具体负责能源行政的工作，由经济产业省代管。

（四）石油天然气金属矿物资源机构（JOGMEC）

石油天然气金属矿物资源机构（JOGMEC）前身为1967年成立的日本石油开发公团，后改组为日本石油公团，2004年与金属矿业事业团合并而成。现为经济产业省所属的独立行政法人。该机构作为日本政府能源、资源政策的实施机构，承担着四项职能，分别是：①石油和天然气的探矿、开发支持事业；②金属矿物资源的探矿、开发支持事业；③资源储备事业；④矿害防治支持事业四个领域。并同其他组织和机构保持协调与配合，共同为企业在海外能源开发方面提供全方位的支持。

（五）新能源产业技术综合开发机构（NEDO）

新能源产业技术综合开发机构（NEDO）创立于1980年，当时的名称为新能源综合开发机构，1988年吸收了产业技术研发业务，更名为新能源产业技术开发机构。其核心工作包括：一是支持能够实用化的新能源技术开发和各领域的节能技术开发；二是支持新技术和产品推向市场前的技术验证和国际合作；三是采取综合措施促进新能源和节能技术的推广应用。2004 年改组为独立行政法人新能源产业技术综合开发机构，2015 年改名为国立研究开发法人新能源产业技术综合开发机构。

二　日本能源战略与规划的制定

上述日本能源战略的相关决策机关，根据自身的职责范围和专业领域，分工协调，在能源战略的制定过程中发挥着重要作用。日本能源战略制定具有程序规范、分工细密的特点。[①]

（一）日本能源战略的制定程序

日本的能源战略由综合资源能源调查会在经济产业

---

① 张浩川、麻瑞：《日本能源战略制定机制与监管机制分析》，载王洛林、张季风主编《日本经济蓝皮书（2015）》，社会科学文献出版社 2015年版，第 118 页。

大臣的指导方针下制定，其核心是制定能够确保能源稳定供给的长期战略和政策。日本能源战略的制定程序大体如下：

①由综合资源能源调查会的各个审议会及其下属的恳谈会等组织经过调研提出方案；

②审议会进行评价；

③经济产业大臣审批；

④通过者列入当年的能源战略草案；

⑤依据《能源政策基本法》，每三年制定一次能源基本计划；

⑥内阁会议讨论，通过后予以公布。

（二）日本能源战略与规划制定核心的职能与组织机构

由上述制定程序可以看出，综合资源能源调查会是制定各项战略提案的主体，是制定日本能源战略的核心。该调查会于 2006 年 2 月起，根据国内外能源变化的形势，审议日本能源战略的制定方针，并将其融入能源战略或能源基本计划中，以促进各产业的发展。

从组织结构来看，综合资源能源调查会设有 6 个分科审议会，分别是：

①矿业分科审议会：对确保矿物能源的稳定以及有效的供给等相关重要事项进行审议。

②石油分科审议会：对确保石油的稳定（储备、挥发油的利用）以及有效的供给、天然气资源的开发的相关重要事项进行审议。

③石油需求调整分科审议会：对石油的分配、配给和有关石油高效的使用等相关重要事项进行审议。

④电力事业分科审议会：对合理使用电力基本问题、电力系统利用以及电力制度、政策进行审议，同时还负责电力市场环境审查、费用等进行评估以及市场监督和制度改革评价等。

⑤电源开发分科审议会：对于如何促进电源得到更好的开发进行审议。

⑥高压燃气和火药安全分科审议会：对高压燃气和火药的安全性以及如何防止灾害发生等措施进行研讨、审议。

6 个分科审议会之下又设 16 个部门审议会（参见图 3-1），其中 10 个部门审议会并不隶属于任何分科审议会，而是直接受命于综合资源能源调查会。

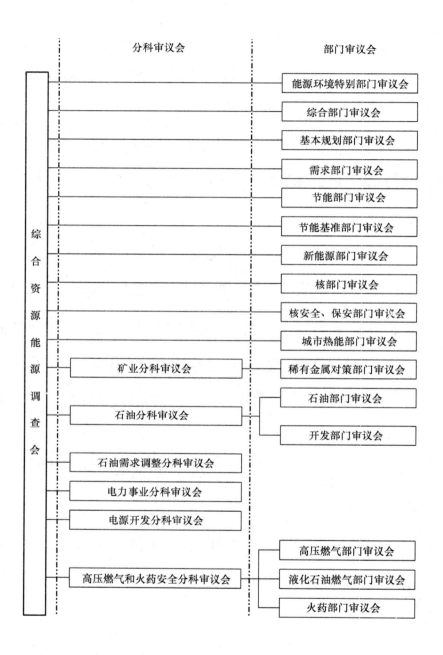

图 3 - 1　综合能源资源调查会组织机构

资料来源：根据日本政府各相关机构网站资料制作。

三　日本能源战略的实施与监督

精心制定的能源战略能否实际发挥确保能源稳定供给的作用，关键取决于政策的实施与监督。日本从政府预算、项目调研等方面采取措施，确保能源战略和规划落到实处，使能源战略真正起到指导企业生产经营行为、提高社会整体能源利用效率的作用。

（一）能源政策特别会计预算

为综合推进能源政策，日本政府自 2007 年起设置能源政策特别会计预算，统合了石油及能源供需高度化对策特别会计预算和电力资源开发推进对策特别会计预算，将能源政策下发生的收入与支出统一处理。2014 年度能源政策特别会计预算的支出规模为 24298 亿日元（参见表 3 – 1）。①

---

① 経済産業省資源エネルギー庁『平成 26 年度エネルギー対策特別会計歳入歳出予定額各目明細書』。

表 3 - 1   **2014 年度能源政策特别会计收支**   单位：千日元

支出项目	支出金额
能源稳定供给对策费	329916945
能源供需结构升级对策费	346729563
相关独立行政法人经费	198904547
事务经费	1939554
各种支出经费	200
流通证券等事务费	11
国债整理基金特别会计	1551331133
预备费	1010000
合计	2429831953

资料来源：根据经济产业省資源エネルギー庁『平成 26 年度エネルギー対策特别会計歳入歳出予定額各目明細書』数据制作。

（二）能源政策的项目调研

综合资源能源调查会的各个审议会及其下属的恳谈会等组织在得到政府立项后，经过调研提出方案。以下为石油分科审议会承接的部分能源政策项目及其概要（参见表 3 - 2）。

表 3 - 2　　　　　　　　　　　　部分能源政策项目概要

项目名称	项目概要
外国煤炭开发度	研究、探讨、审议世界主要国家的煤炭需求、能源政策、亚洲的煤炭开发问题
促进煤炭的引进及普及	日本的 CCT 的应用普及率、普及可能性、战略制定、技术开发
燃料电池用稀有金属的现状	审议燃料电池所必要的钌等稀有金属的供应稳定性
降低 CO_2 排放量和高度利用天然气	审议产业用能源多耗型器械（工业锅炉等）的燃料煤炭等向天然气转换的措施
能源消费状况审议	能源消费的统计、实施、规划立案
能源环境综合战略审议	审议能源需求评估、长期能源需求构造、能源研发信息
长期能源开发战略的审议	审议能源、环境方面的动向，产业技术发展的方案
引进新能源的基础审议	审议新能源的引进、扩大、节能立案、实施效果
能源需求结构规划战略费用	审议新能源的开发、引进、政策的信息交流、机关动向分析

（三）日本能源战略的监督

为确保能源战略的实施效果，日本政府十分重视政策实施的事中监督和事后考核，既有阁僚会议主导的政府部门的介入，又有民间机构的第三方监督，还有民间企业的自觉参与，自上而下，层层落实。政策实施业绩的考核标准也十分明确。

为了更有效地对能源战略实施政府监督，日本政府由内阁总理大臣领衔，组织了综合能源对策推进阁僚会议，随时召集相关大臣，统一协调能源供需状况、制定石油替代能源供给目标等与推进综合能源对策相关的重大问题，同时还监督能源战略的实施过程。该会议的构成人员包括：内阁总理大臣、外务大臣、财务大臣、文部科学大臣、经济产业大臣、环境大臣、金融担当大臣、经济财政政策担当大臣、科学技术政策担当大臣以及内阁官房长官。根据需要，会议也会要求其他相关人员出席。会议由内阁总理大臣主持。为便于相关省厅之间的事务协调，作为会议的辅助，由各相关省厅的负责局长参加的干事会议也同步随时召开，经济产业省（资源能源厅）负责相关省厅间的事务联络，相关事务由经济产业省（资源能源厅）协助内阁官房处理。

另外，在能源政策的监督方面，日本政府也尝试引入独立于政府之外的民间监督机制，综合资源调查委员会也具有监督功能。该调查会是由民间人士（成员主要来自大企业、行业协会、大学和研究机构）组成的、为经济产业大臣提供能源方面问题相关建议的咨询会议。综合资源能源调查会经过讨论审议，挑选并派出能源管理员对企业实施监督。能源管理员主要负责的监督项目有：各耗能企业燃料等的使用是否合理，所使用的设备是否优良，燃料等的使用方法是否有待改善等。2007年，为了能够更高效地监督好能源战略的实施，该调查会下的电源特别开发促进对策审议会和石油以及能源供需结构升级对策特别审议会合并，采取更加明确的监督方针。

除了综合能源对策推进阁僚会议和综合资源调查委员会外，国土交通省等政府部门相互合作，企业之间也成立了相关的节能监督组织，从而实现了自上而下的一条龙监督机制。此外，日本的能源机构还借助国民、国家、地方公共团体等不同立场的组织（团体），不断进行交流，展开重要议题的讨论。通过旁听等形式让国民了解有关国家能源的信息，唤起国民对能源问题的关注，从而使得国民也能够积极地参与到对能源战略的监督之中。

（四）业绩考核

日本主要将如下两方面能源战略的政策目标是否达成作为考核重点。

首先是考核能源政策的实施是否实现了能源的高效率利用。这不仅限于节能，还包括能源利用率的提高、有伸缩性的能源需求机构的建设所需要的资金支持等各个方面。日本对石油、天然气、煤炭等各种能源的引进都做出详细的预算，设定目标加以监督。例如，对煤炭高效利用的战略考核，就是相关监督部门根据海外开发对象地区埋藏量的多少、价格的高低来衡量煤炭高效利用的业绩，评估其对于有关技术的引进和开发的意义。又如天然气高效利用战略考核，则由相关监督部门根据对环境影响的大小来衡量，评估其对于有关技术、管道线路等设施的建设和开发的意义。

其次是考核能源战略的实施是否实现了能源供给的多元化。为了避免对单一能源的过度依赖，降低由于过度依赖单一能源所带来的风险，日本政府对能源的多样化极为重视。以运输部门降低对石油的依存度为例：有关部门根据不同的石油依存度对石油稳定供应发生不畅的情况下的影响、风险的大小来确定运输部门实际对石油依存度降低量进行考核。并根据各个运输部门执行能源政策的力度，诸如不同种类运输工具的使用、同种运输工具中不同型号的研发和普及情况进行考核；此外类似于新型燃料相关技术的研发和使用以及随之而来的能源过度供给的调整等双向问题也是被列入考核的重要内容。

第四章 "页岩气革命"、可燃冰开发对日本能源战略的影响

研究日本国家能源战略，绕不开世界能源形势与世界能源格局的变化等背景因素。美国的页岩气革命以及日本的可燃冰开发的进展无疑会对世界能源格局和日本能源战略产生重大影响。页岩（油）气以及可燃冰并不属于新能源，但由于其埋藏于地球深处、开采难度大，又有别于常规能源，因此被称为非常规能源。

一 非常规能源的基本概念及分布

人们都习惯将源自美国的页岩气成功开发称为"页岩气革命"。其实，这种革命，只是开采技术上的创新和

革命，其诱因主要是国际油价的暴涨，亦即石油价格的上涨激发了页岩（油）气开采技术的突破。

　　提到"能源革命"，会使人们联想到"煤炭革命"和"石油革命"。很显然所谓"页岩气革命"与前两次革命有很大不同。其一，前两次革命在能源品种上发生了变化，煤炭与石油是完全不同的两种能源，即主要能源由低能量的煤炭变成了高能量的石油。而页岩（油）气就其构成来看，仍然是化石能源中的石油和天然气。其二，"煤炭革命"与以蒸汽机为标志的第一次产业革命相对应，而"石油革命"与以内燃机为标志的第二次产业革命相对应。这两次革命的影响，从时间来看都是以百年为单位，而"页岩气革命"并没有诱发新的产业革命，从时间上看也只是刚刚开始。其三，从空间范围看，"煤炭革命"和"石油革命"属于全球性的，波及世界的几乎所有角落，而这次"页岩气革命"还主要局限于北美，特别是美国，能否扩展到全球范围，还有待观察。另外，非常规能源的另一个主要成员天然气水合物（俗称"可燃冰"）的开发尚在逐步推进当中，还未被称为"革命"。

　　尽管如此，页岩（油）气、可燃冰等非常规能源突

飞猛进的发展所造成的巨大影响亦不可小觑。其最大意
义在于，所谓"化石燃料资源枯竭论"因此不攻自破。
由于埋藏在地层深处的页岩油和页岩气数量极大，如果
能够将这些资源成功开发，石油探明可开采储量将从 40
年延长到 100 年，天然气将从 60 年延长到 200 年。[①]诚
然，化石燃料资源总有一天会枯竭，但在时间上的大幅
度延长，会给人类发现新能源或替代能源留出更长的时
间窗口。近年来，虽然国际油价暴跌，但这未必成为常
态。世界经济或世界形势一有风吹草动，便会影响石油
价格。例如，沙特等国与伊朗断交就对国际油价产生了
影响，今后世界经济一旦复苏也可能拉动油价上升。因
此，非常规能源的开发与进展对世界能源格局的影响不
可小觑，毫无疑问，也会对日本能源战略转型产生重大
影响。

关于非常规能源，现在并没有统一的定义。一般来
说，能源可分为常规能源和新能源两大类。常规能源是
指技术上比较成熟且已被大规模利用的能源，而新能源
通常是指尚未被大规模利用、正处于积极研究开发阶段

---

① 十市勉『シェール革命と日本のエネルギー』、日本電気協会新聞
部 2013 年、9 頁。

的可再生能源。页岩（油）气与可燃冰并不符合可再生的条件，将其算作新能源似乎有些勉强，但由于其开采技术难度、成本以及对环境可能带来的影响与常规能源有很大不同，因此，一般将其称为非常规能源，以区别于可再生能源。当然，非常规能源开发是一个"过程性概念"。特别是当技术成熟后，"非常规能源"开发可转化为"常规能源"开发。

具体来看，非常规能源包括煤层气、页岩（油）气、致密砂岩气、天然气水合物（俗称可燃冰）等能源。页岩（油）气与可燃冰等非常规油、气资源比常规石油和天然气的储藏层要深，而且勘探和开采难度要比常规能源大。页岩（油）气开采技术，主要包括水平井技术和多层压裂技术、清水压裂技术、重复压裂技术及最新的同步压裂技术，由于技术的不断进步，也使页岩（油）气井产量不断提高。另外，现有开采情况显示，开采页岩（油）气对生态和环境的影响也非常大。正因为这一点，许多有识之士认为对页岩（油）气的开采表示担忧。

目前已经发现的非常规能源在地球上储量巨大。美国能源信息署（EIA）评估表明，截至 2013 年 6 月，全球页岩油技术可采储量约为 3450 亿桶，页岩气技术可采储量为 7299 tcf,[①] 主要分布在美国、中国、阿根廷、加拿大、墨西哥、南非、澳大利亚等国家（参见表 4-1）。

表 4-1　　　　　页岩油、气储量及其分布（前 10 位）

位次	页岩油（10 亿桶）		页岩气（tcf）	
1	俄罗斯	75	美国	1161
2	美国	58	中国	1115
3	中国	32	阿根廷	802
4	阿根廷	27	阿尔及利亚	707
5	利比亚	26	加拿大	573
6	委内瑞拉	13	墨西哥	545
7	墨西哥	13	澳大利亚	437
8	巴基斯坦	9	南非	390
9	加拿大	9	俄罗斯	285
10	印度尼西亚	8	巴西	245
	全球	345	全球	7299

资料来源：美国 EIA 资料，转引自十市勉『シェール革命と日本のエネルギー』，日本電気協会新聞部 2013 年，35 頁。

美国是世界上最早开发页岩（油）气的国家，目前无论从勘探技术还是生产技术上看都处于世界领先地位。

①　tcf 为天然气单位，1 万亿立方英尺（tcf）= 283.17 亿立方米。

此外，加拿大、澳大利亚、德国、法国、瑞典、波兰等30多个国家也开始了对页岩（油）气的研究和勘探开发。[①] 日本的地质年代比较新，页岩气的商业化生产几乎不可期待。但是，日本由于能源匮乏，而能源是关乎经济和国民生活的命脉，更是重要的战略物资，所以即便自身没有页岩（油）气，日本也不甘寂寞，欲紧紧抓住机遇，积极参与国际合作。例如，2011年5月，三菱商事主导了加拿大不列颠哥伦比亚省科尔多瓦堆积盆地的页岩（油）气开发计划，住友商社也积极参与北美的页岩（油）气合作项目，中部电力公司、JOGMEC、东京煤气公司、大阪煤气公司也参与了共同开发。

在可燃冰方面，据美国、日本等的研究，全球陆地可燃冰资源总量为2830万亿立方米，海洋为85000万亿立方米，相当于已探明化石燃料含碳总量的两倍多，储藏量巨大。目前，全球有30多个国家都在研究可燃冰的开采和利用等相关问题（参见图4-1），但只有日本和俄罗斯在非常规天然气的开采上取得了一定的进展。[②]

---

① 王淑玲、张炜、张桂平、孙张涛：《非常规能源开发利用现状及趋势》，《中国矿业》2013年第2期。

② 同上。

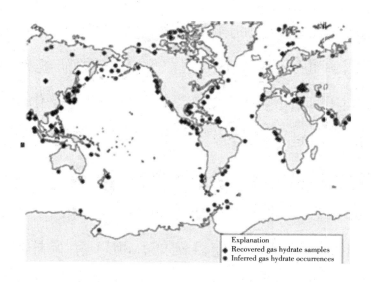

图4-1   天然气水合物（可燃冰）的全球分布

资料来源：National Energy Technology Laboratory。

由于非常规能源开发的突飞猛进，天然气的开采年限大大延长。在未来几十年甚至几百年的时间里，非常规能源完全有可能弥补常规能源供应的缺口。而且，非常规能源由于在化学结构上与常规能源有较大区别，可以减少温室气体排放，对环境保护十分有益。[1]

---

[1]   田学科：《非常规能源将对可再生能源开发带来冲击》，《科技日报》2012年3月1日。

二　美国"页岩气革命"

近年来美国在页岩（油）气勘探开发方面取得突破，产量快速增长，因而被称为"页岩气革命"。掀起"页岩气革命"的契机是国际原油价格的暴涨，使得页岩（油）气开发有利可图。当然，这里还隐含着美国旨在实现"能源独立"的战略意图。

页岩层是犹如岩石般坚硬的地层，位于地下2000多米。其实，在那里含有大量的石油和天然气，早就为人所知。但由于在开采技术上还有难度、开采成本太高，从经济性考虑并不划算，因此页岩（油）气开采迟迟没有进展。但是，2000年以后国际原油价格暴涨，使情况发生了根本性变化。再加上技术革新突飞猛进，可以以低于市场价格的成本在页岩层开采出天然气和石油。

页岩（油）气在美国分布很广，技术可采储量为1161 tcf，约占全球总量的1/7。页岩（油）气开采的关键技术中的突破与率先应用大多源于美国。围绕页岩（油）气的开采，美国形成了一个技术创新特征十分显著的新兴产业，带动了就业和税收，并已开始向全球进行技术和装备出口。目前，美国页岩气开采主要采取水平钻井与压裂增产技术相结合的综合应用方式。

美国的天然气产量从 2008 年开始增加，原油产量从 2009 年开始增加。2007 年美国天然气月产量为 1.6 tcf，而 2011 年以后达到 2.0 tcf，增加了两到三成，原油产量也从 2008 年的日产 500 万桶增加到 2013 年的 750 万桶，增加了四成多。[1] 特别是 2011 年中期以后美国的天然气和原油产量发生革命性变化。2012 年，美国天然气销量更达到 7160 亿立方米，比 6 年前的 2006 年增加 30%。仅从页岩气来看，到 2010 年，美国的总产量突破千亿立方米，达到 1379.2 亿立方米，近年来一直超过中国国产天然气的年产量，并已超过俄罗斯成为全球第一大天然气生产国。美国能源部数据显示，2000 年页岩气产量不足美国天然气供应的 1.7%，而 2014 年已经占到 44%，而且份额还在上升。[2]

页岩气的大量生产，使美国的天然气价格大幅度下

---

[1]　美国能源部资料，转引自［日］自芥田知至『シェール革命のマクロ経済的な考察』，三菱 UFJ リサーチ&コンサルディング調査レポート，2013 年 11 月 14 日。

[2]　《国际油价持续下跌原因分析》，聚首·石油网，2014 年 11 月 17 日，http：//www. geo – show. com/ChannelHY/SY/Content/201411/35677. shtml。

降，2008 年 6 月天然气价格每百万 BTU 为 13 美元。①此后由于天然气的增产缓和了供需关系，天然气价格虽然随经济景气状况出现一些波动，但总体呈下降趋势，到 2012 年 4 月降至 2 美元以下②。天然气价格的下降，自然会使大量使用天然气及其副产品做原材料的制造业成本下降，金属工业、材料工业也因为天然气价格的下降而得到很多实惠。

大量生产页岩气，不仅使美国减少进口国外天然气，甚至会向国外出口液化天然气（LNG），还会减少石油的进口。也就是说，原来从海外进口的石油可以用美国自产的页岩气或页岩油来替代，这等于减少了对进口的支付，意味着减少了收入向海外的流出，这样就能大大改善美国的贸易收支和经常收支。将美国能源部编写的《年度能源展望》（*Annul Energy Outlook*）2006 年版和 2013 年版中对能源贸易的长期预测进行比较不难发现，

① BTU 为英国热力单位。单位英热为每升高一磅水（0.454kg）一华氏度（℉）所需要的能量，或是接近 39.2 ℉所需能量数。燃料的平均英热含量是指从燃料样本中测试得来的一个数量单位的燃料的热值。1Btu = 1 055.05585 焦耳 ≈ 1.06 千焦，在北美区域，BTU 常常被用来描述燃料的热值，制冷/制热系统的制热量。其本质是每小时的制冷量，即 BTU/hr。
② ［日］芥田知至『シェール革命のマクロ経済的な考察』、三菱 UFJ リサーチ＆コンサルディング調査レポート、2013 年 11 月 14 日。

到 2030 年能源贸易收支的改善效果将达到 7400 亿美元左右（参见图 4 - 2）。事实上，2012 年美国的经常收支逆差减少为 4404 亿美元，可见"页岩气革命"已经使美国贸易收支得到改善。由于"页岩气革命"带来了增加收入的效果，与欧洲和日本相比，美国以国内消费为中心的自律性经济发展的可能性将进一步得到提高。

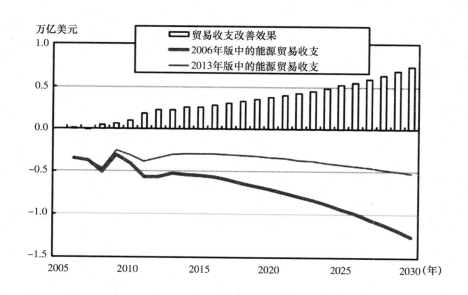

图 4 - 2　"页岩气革命"对美国贸易收支的改善

资料来源：United States Department of Energy，Annul Energy Outlook，2006，2010。

如果"页岩气革命"能顺利前行，预计未来几十年内美国将不再需要从国外进口天然气，甚至还能对外出口天然气，同时天然气在发电、交通领域的大量应用也会相应减少美国本土石油和煤炭的消费。据美国能源信息署（EIA）预计，到 2035 年，美国页岩气产量将占到本国天然气总产量的 45%，在未来能源格局中扮演的角色将越来越重要。[①]　到 2040 年，美国的页岩气生产将超过本国天然气总产量的 50% 以上，届时将真正实现"能源独立"的战略目标。

三　日本可燃冰开发进展

可燃冰是仅次于页岩（油）气吸引人眼球的非常规能源。亚洲东北部海域是可燃冰的重要富集区之一，日本的可燃冰储量也极为丰富，主要分布在本州、四国和九州面向太平洋的近海地区（见图 4-3）。早在 1996 年，日本就估算出日本的可燃冰储藏量折算为天然气约为 7.35 万亿立方米，据称可供日本使用 96 年。日本不具备页岩（油）气的自然禀赋，但可燃冰的储量丰富，这给日本解决能源安全问题带来了希望。

---

① 姜鑫民：《世界能源发展报告（2013）》，社会科学文献出版社 2013 年版，第 452 页。

早在 20 世纪 80 年代末，美国有关机构就在日本周边海域进行了勘探和钻探，获取了可燃冰广泛分布的重大发现。1992 年美国能源部表示，日本南海海槽的 BSR 分布面积约有 3.5 万平方千米，这预示着该海域可燃冰资源储量十分丰富。在这一发现的影响下，当时的日本通产省（现经济产业省）、科技界及企业界开始关注推动可燃冰的勘探研究。2000 年 6 月，日本政府设立了专门机构直接推动并制定具体计划推动可燃冰的综合研究与开发。

日本对可燃冰的研究计划分为三个阶段：

第一阶段（2001—2008 年），主要是探明日本周边海域的可燃冰蕴藏状况和分布特征，预测可能海域的可燃冰资源量，在可能海域优选可燃冰气田并研讨开采的经济性。

第二阶段（2009—2015 年），主要是对优选的可燃冰气田进行生产试验。

第三阶段（2015—2018 年），主要是完善可燃冰的商业生产技术、建立环保的开发体系。

第一阶段的任务已完成，成果颇丰。目前，正处于第二阶段收尾和第三阶段的初始期，2013 年 3 月，日本首次取得海洋可燃冰生产先导试验的成功。值得注意的是，日本政府对可燃冰开发研究的投资力度非常大，仅2009—2011 年就达到 180 亿日元，而在 2013 年更是一年就增加到 150 亿日元。

2013 年 3 月，日本可燃冰开发取得了突破性进展。日本经济产业省、日本石油天然气金属矿物资源机构（JOG-MEC）和日本石油资源开发株式会社联合体于 2012 年 2 月开始在渥美半岛和志摩半岛东部海域地层开展全球首次海上可燃冰试验开采，2013 年 3 月 12 日用减压法从可燃冰层中成功分离出甲烷气流，这是世界上首次成功在海上开采可燃冰资源。虽然本次试生产只是实验性质并未获得商业气流，但仍标志着可燃冰开采研发的一个重大突破，因为从本次试验中获得了开采海底可燃冰时甲烷分离过程等重要数据，以及周围环境对分离过程的影响，对未来进行商业开采具有重要指导意义。[①]在成功分离可燃冰之后，日本又明确提出将在 2018 年实现商业化开采。

日本对可燃冰的研究开发虽然取得了巨大进展，但能否实现美国"页岩气革命"那样的影响还很难说，

---

① 《2013 年可燃冰行业研究报告》，道客巴巴网 2013 年 3 月，ht-tp：//www. doc88. com/p－5806868665447. html。

2018 年要实现商业生产也面临着诸多挑战。可燃冰虽然储量丰富，但若将其经济性地开采出来，绝非易事，特别是实现商业化开采还有很长的路要走。

四　非常规能源开发对国际能源格局及地缘政治的影响

（一）对国际能源格局的影响

第一，"页岩气革命"使北美成为最大赢家。收获页岩气革命果实的美国，将减少对中东的能源依赖。预计至 2018 年，美国将成为天然气的净出口国，同时也在加速由燃煤发电向天然气发电转移的趋势。由此，美国将扩大对欧洲的煤炭出口，欧洲对燃煤发电的依存度正不断加深。北美大陆国际能源供给结构的独立自主化趋势，可能促使相邻的南美大陆加速对非常规能源在内的石油和燃气的开发，由此预计西半球将脱离以中东地区为中心的化石燃料供给体制，朝着独立自主的方向发展。

第二，中东地区的能源中心地位将有所下降。"页岩气革命"的发生使世界各国增加了能源来源地的选择机会，加上在世界经济减速、能源需求总量减少的背景下，容易引起能源价格的下跌。2014年下半年以来国际油价下跌就证明了这一点。由于美国减少对中东天然气或石油的进口，可能使中东地区进一步扩大对需求旺盛的亚洲地区的能源供给，最终过度依赖中东地区石油供给的亚洲，对该地区的依存度可能会进一步加深。

第三，"页岩气革命"削弱了俄罗斯在能源领域特别是天然气领域的优势。为了防止因价格因素导致俄罗斯天然气在欧洲的市场份额进一步降低，俄罗斯也开始改变拒绝向欧洲购买商提供价格优惠的强硬态度。俄罗斯主导欧洲天然气市场定价权的局面受到严重冲击，手中的"能源牌"效力明显变弱。为了改变被动局面，俄罗斯只好放下身段，进一步开拓中韩能源市场。2014年中俄天然气合作4000亿美元大单，就是在这一背景下签署的。

第四，对全球LNG贸易市场的影响。页岩气不仅让美国国内市场发生了变化，而且使国际LNG出口目标发生转移。北美地区由于页岩油气的大量开发，发展LNG的空间相对变小，势必迫使一些LNG出口商将目标从美国转向欧洲和亚太市场。这将会造成LNG现货价格降低和长期合同发生变化。

第五，在北美开始的"页岩气革命"，导致以天然气为中心的能源价格在国际地区之间产生较大差距，这可能对各国的产业结构造成重大影响。国际天然气价格主要受原油价格影响，而美国的天然气价格却一直在低位徘徊，形成了一个与国际天然气价格市场全然不同的天然气市场。国际能源署（IEA）发布的《世界能源展望（2013）》指出，美国国内的天然气价格是欧洲进口价格的1/3、是日本进口天然气价格的1/5。假设地区间能源价差持续扩大，那么就占全球产业部门能源使用量70%的能源集约型产业（化学、铝、水泥、钢铁、造纸、玻璃、炼油）而言，在日本、美国、EU 三方进行互比时，只有美国的产业扩大，日本和 EU 合计将损失1/3 的出口份额。据此，能源成本的国际地区差距不仅影响能源领域，同时对包含石油化学产业在内的产业活动将带来很大变化，还可能给经济增长和产业结构造成重大影响。

（二）对地缘政治的影响

"页岩气革命"改变了世界地缘政治格局。从一定意义上讲，"页岩气革命"增强了美国的世界霸权地位，增强了其到处指手画脚的底气。正因为如此，在乌克兰事件后，美国才肆无忌惮地"制裁俄罗斯"。

　　随着页岩（油）气产量的增加，俄罗斯将失去其在欧洲天然气市场的定价权和部分市场份额。如果波兰成功开发页岩气，欧洲依赖俄罗斯天然气的局面将被改变。另外，亚太地区天然气供应呈现多元格局，使亚太地区原本负载的油、气地缘竞争更加扑朔迷离。俄罗斯的份额在欧洲被挤占后，开发亚洲市场的意愿更加强烈；中国是能源消费大国，经济发展进入"新常态"后，经济环境持续向好。全球天然气供应商自然会将中国视为未来管道输气和 LNG 进口潜力最大的国家。

　　由上可知，美国因成功开发页岩（油）气而形成的主导优势已经在开展能源外交和巩固政治霸权方面有所体现，可进一步通过争夺天然气贸易伙伴而达到排挤俄罗斯在亚欧大陆天然气供应垄断地位的目的。中国将成为美、俄等资源国家出口资源与技术的重要目标。[①] 中俄天然气合作长达 20 多年的博弈，历时 10 年的谈判，能在 2014 年修成正果，也证明了这一点。

　　另外，日本成功分离可燃冰并计划将其进行商业生产，虽然商业化道路依旧漫长，但一旦成功，世界能源格

---

① 姜鑫民：《世界能源发展报告》，社会科学文献出版社 2013 年版，第 452 页。

局将会发生更大的变化。"页岩气革命"后，世界能源格局已经从中东向北美倾斜。如果未来日本可燃冰商业开采成功，能源格局将重新洗牌，能源生产也将更为分散。[①]

五　非常规能源开发对日本能源战略的影响

20 世纪 80 年代以来，核能发电在日本电力供应中占据重要地位。然而，2011 年东日本大地震导致福岛核泄漏事故，此后日本国内的核电站曾全部停运，日本能源格局发生了重大变化。加之美国"页岩气革命"等国际能源形势的变化，日本在能源战略上作了很大调整。

第一个调整表现为进一步从生产者向进口者倾斜。2011 年福岛核电站事故发生后，日本中止了所拥有的 50 多座核电反应堆的运行，不得不大幅增加天然气、石油、煤炭的进口，日本作为化石能源进口者的色彩趋浓。第二个调整是能源结构进一步向天然气倾斜。在福岛核事故发生之前，日本已是世界最大的 LNG 进口国。事故发生后，日本将天然气作为进口能源的首选。东日本大地震之前的

① 《日本率先开发可燃冰，能源格局又添变数》，搜狐证券网，2013年 3 月 20 日，http://stock.sohu.com/20130320/n369476568.shtml。

2010 年日本进口 LNG 7056.2 万吨，而大地震以后的 2012 年进口量增加到 8686.5 万吨，增幅高达 23.1%。[①]

由于日本能源结构的变化，使得日本进口天然气，特别是进口 LNG 的需求进一步增大。总体来看，美国"页岩气革命"对日本能源战略的影响基本是正向的。

一是增加了日本进口 LNG 的选择地。2013 年，日本天然气进口主要来自澳大利亚（20.9%）、卡塔尔（18.4%）、马来西亚（17.1%）、俄罗斯（9.8%）、印度尼西亚（7.5%）、阿联酋（6.0%）、文莱（5.4%）、阿曼（4.8%）、尼日利亚（4.4）以及其他国家（5.7%）。[②] 随着美国页岩气产量的增加，日本可以增加来自美国的天然气进口，将使其天然气进口供应更加稳定。另外，进口油气的来源逐渐从中东向北美和澳洲倾斜，其能源运输的重点途径逐渐向太平洋航线倾斜，这也有利于日本能源供给运输安全。

二是有可能压低日本天然气进口价格。目前，日本进口的天然气价格约为欧洲的 1.5 倍，美国的 3.75 倍

---

① 日本能源经济研究所统计，转引自〔日〕十市勉『シェール革命と日本のエネルギー』，日本電気協会新聞部，2013 年，第 148—149 頁。

② 日本経済産業省資源エネルギー庁「平成 26 年度エネルギーに関する年次報告」（エネルギー白書 2015）第二部エネルギー動向。

（参见图 4 – 3）。随着美国"页岩气革命"的进展，廉价
的页岩气占天然气的比重迅速上升，美国的天然气价格
大幅下降。倘若日本能增加美国页岩气的进口，会比目
前从亚洲进口天然气价格低得多。事实上，日本已与美
国达成在 2017 年进口美国天然气的协议。[①]

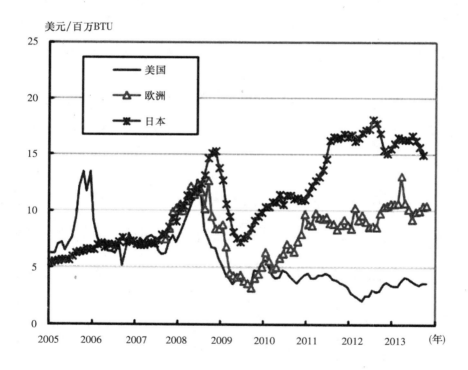

图 4 – 3　美国、欧洲与日本天然价格之差

资料来源：Bloomberg，CEIC。

---

① 冯昭奎：《日能源战略调整，或加大制华力度》，《环球时报》2013
年 10 月 14 日。

　　另外，可燃冰的成功提取，更为日本注入了一剂强心剂。日本政府在 2013 年 4 月公布的《海洋基本计划》中明确提出，"今后将用约三年时间调查并掌握新一代能源可燃冰的储量"，并计划在 2018 年度实现可燃冰的商业化开采。由此可见，在发生核泄漏事故以后，日本积极调整能源战略，在加强与美国能源合作的同时，加快了开发可燃冰的步伐。

　　由于可燃冰储量大，而且分布广，能够超过 100 年长期稳定供给，若实现商业开采，将使资源稀缺的日本的能源自给率明显提高，说不定还能助其摘掉资源小国的帽子。由于日本是最大的 LNG 进口国，如果能够首先实现可燃冰商业开采，将对全球 LNG 贸易产生重要影响，使供应进一步宽松，价格下降，扭转 LNG 价格上升趋势，亚洲地区天然气成本有望与美洲逐渐接近。

　　需要指出的是，虽然取得了技术上的进步，但可燃冰的进一步开发和商业化仍然面临种种困难，尚需要相当长的时间。关于可燃冰商业开采的前景谁也没有时间表，何时能有大的突破也是未知的。从目前来看，日本作为能源进口国的地位，以及石油进口依赖中东，天然气进口依赖澳洲、卡塔尔、印度尼西亚和中长期向美国页岩气倾斜的能源战略都暂时不会发生改变。

日本期待实现一场"可燃冰革命",特别是将可燃冰的研究作为保障未来国内天然气供应的重要能源战略之一,通过制定周密的计划,循序渐进地对可燃冰进行研究开发,以及政府对其勘探开发技术研究的支持力度和组织方式,都值得我国借鉴。

总之,近年来,非常规能源的开发取得了巨大进步。尤其是以美国为代表的页岩气开发给全球能源注入了新的活力,增加了全球能源贸易数量。日本的可燃冰开发也取得了关键性的突破,给世界能源带来了新的希望。世界能源格局正在发生一系列重大变化,这些变化也对日本能源战略产生了重要影响。能源是经济发展的必备因素,在陆地石油、煤炭、天然气等常规能源日渐衰竭的今天,开发利用非常规能源,抓住能源革命的先机,对掌控经济发展方向有着至关重要的作用。

非常规能源的开发对于中国来说既有机遇又有挑战。美国页岩气的成功开发,给我们提供了一些有益的借鉴。这就使得我国在进行页岩气开发时有了一定的后发优势,在相对较短的时间内可以实现页岩气的跨越式发展。同样,日本开发可燃冰技术是中国进行可燃冰开发的技术先导，能够为我国开采可燃冰形成技术借鉴。一旦日本可燃冰商业开发成功，也有利于我国的能源进口和推动我国的可燃冰开发。

最后需要注意的是，"页岩气革命"只是开采技术上的革命，而且其诱因是国际油价的暴涨。近期国际油价暴跌，有可能对页岩气的开发产生影响。国际油价从2014年下半年开始下降，从100美元/桶跌破50美元/桶，2016年年初又跌至30多美元/桶，尽管如此，以沙特为代表的欧佩克国家仍表示不会减产。油价下降将会持续多久还很难预测。新兴经济体的未来需求具有不确定性。许多欧佩克国家现在面临一个困境：他们需要高油价来平衡预算，但持续的高油价将鼓励非欧佩克国家和地区扩大石油生产，并最终破坏需求。这可能导致未来油价波动，并对生产国的政治稳定构成潜在的破坏。

很显然，这次油价暴跌，单纯用供需结构变化来解释似乎已经很难说明问题。其中一个重要原因，恐怕就是石油资源国针对美国的"页岩气革命"所采取的自卫行动。欧佩克试图通过降低石油价格，使油价长期保持低于页岩气生产成本的水平，最终迫使美国页岩气难以维持生产，将其"革命"扼杀于摇篮之中。而美国为了削弱俄罗斯能源的优势地位，甘愿承受原油降价、"页岩气革命"受损的风险，而不对沙特采取措施。现在是比耐力的时候，其结果将会如何，我们拭目以待。

第五章 东日本大地震后日本能源战略的重大调整

一 国家层面的能源战略调整

倘若不发生东日本大地震，日本综合能源战略本应按照如下轨迹发展：核电和可再生能源将得到迅速发展，积极开发类似普锐斯混合动力车那样的节能产品，不仅要摆脱对石油的依赖，还要减少化石燃料的使用，既要保证能源安全还要积极实施全球温暖化对策，即促进"3E"协调发展。然而，突如其来的东日本大地震和福岛核电站事故彻底打乱了日本既定的能源战略。福岛核电站事故最终被确定为迄今为止最严重的 7 级，这无疑是对日本核电事业的沉重一击。

　　从当时日本最新的能源战略来看，2010 年民主党政权制定了《能源基本计划（2010）》，确定到 2030 年要实现以下目标：

　　①能源自给率和化石能源自主开发比率实现倍增，即能源自给率从 18% 提高至 36%，化石能源自主开发比率从 26% 提高至 52%；

　　②零排放电源比率从 34% 提高到 70% 左右；

　　③民生部门（家庭）二氧化碳（CO_2）排放量减半；

　　④产业部门继续维持和强化世界最高的能源利用效率；

　　⑤在能源相关产品的国际市场，日本企业要获得最高市场份额。①

　　如图 5 - 1 所示，在上述计划中，日本将零排放的核电置于非常重要的位置，核电在一次能源中的比重从 2007 年的 10% 提高至 2030 年的 24%，在发电量中比重要从 2007 年的 26% 提高至 2030 年的 53%。而且实现这一目标的具体步骤也已经确定，"首先要在 2020 年之前新建 9 个核电机组，设备利用率要达到 85%（2008 年 54

----

　　①　資源エネルギー庁編『エネルギー基本計画 2010』、13 頁。

个核电机组的设备利用率为 60%）。到 2030 年至少要新建 14 个核电机组，而且设备利用率要达到 90%"①。在东日本大地震发生时，在建的核电机组有 3 座，准备施工并预定在 2020 年前发电的核电机组有 6 座，若不出意外，将会如期实现目标。

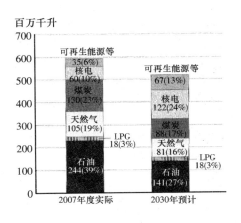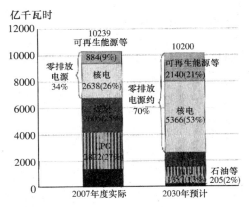

（1）一次能源供给结构　　　　　（2）发电量结构

图 5 - 1　《能源基本计划（2010）》所确定能源结构目标

资料来源：资源エネルギー庁编『エネルギー基本計画 2010』。转引自橘川武郎『日本のエネルギー問題』，NTT，2013 年，7 頁。

但是，东日本大地震发生后，形势发生彻底变化。仅仅是福岛核电站就有 4 个机组报废，在建或准备建设

---

① 资源エネルギー庁编『エネルギー基本計画 2010』、45 頁。

的 9 个机组全部被冻结，原计划上马的福岛核电站第 7 号、第 8 号机组被废止。《能源基本计划（2010）》所确定的目标完全化为泡影。福岛核电站事故的发生，迫使日本不得不对核电战略、能源战略进行根本性的调整。

东日本大地震以后，正在运行中的核电站陆续进入定期检查测试阶段，到 2012 年 5 月全部停机。而由于受福岛核电站事故的负面影响，定期检查测试完成后的核电站也迟迟难以重启。当时民主党政权为了避免核电站较多的关西电力公司辖区内的大面积停电，于 2012 年 8 月批准大饭核电站的 3 号、4 号机组重启，2013 年 9 月上述两个机组也进入定期检查测试期而相继关机，自此日本国内发电系统再次进入"零核"状态。

福岛核电站事故发生后，日本社会反核情绪空前高涨。在社会压力下，当时执政的民主党提出要重新考虑日本能源战略。2012 年日本围绕保留核能还是去离核能，掀起了一场全社会的大讨论，各种观点产生激烈交锋和混战。此后，迫于反核势力的压力，民主党政权提出明确的去核目标，即今后要按照"40 年堆龄"的核电机组就要报废的原则处置现有的核电站，并不再批准新建核电站，以逐步摆脱核电，到 2030 年实现无核化。作为核能的替代能源，要增加火力发电，发展可再生能源、新能源。民主党政权的这种国家能源战略急转弯，遭到自民党抵制，也受到来自不同企业群体的质疑，但也得到相当数量的国民的支持。

但是，争论归争论，现实的电力短缺问题还必须加以解决。为了解决因核电站停机造成的电力短缺，只能依靠火电补充，其中 LNG 火力发电发挥了巨大作用。如图 5 - 2 所示，日本 LNG 发电占发电总量的比重从 2010 年的 29.3% 增加到 2011 年的 39.5%，2012 年又达到 42.5%，2013 年进一步上升到 43.2%。燃油发电占比从 2010 年的 7.5% 上升到 2011 年的 14.4%，2012 年继续上升到 18.3%，但 2013 年又降为 14.9%。燃煤发电占比也有较大幅度的提高，从 2010 年的 25.0% 上升到 2013 年的 30.3%。

但是，大量进口化石燃料也使日本的财富大量外流，据日本经济产业省长期能源供需预测小委员会的测算，由于核电站停机造成的火力发电燃料进口增加额，2012 年高达 3.1 万亿日元，2013 年更高达 3.8 万亿日元。日本的贸易收支也发生根本性变化，从贸易顺差国沦为贸

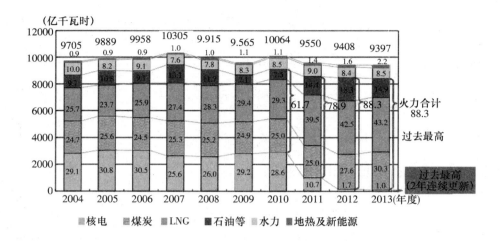

图 5－2　近年来发电总量结构变化

资料来源：日本电力事业联合会资料，2014 年 5 月 25 日。

易逆差国。2011 年日本的贸易逆差为 2.6 万亿日元，2012 年增加到 6.9 万亿日元，2013 年又增加到 11.4 万亿日元，2014 年下半年国际油价大幅度下降，日本的贸易逆差稍有缓解，但全年的贸易逆差仍为 12.8 万亿日元，再创历史新高。连续 4 年的贸易逆差恐怕是大地震给日本经济带来的另一个重大挑战。

鉴于化石燃料的大量使用，日本过去承诺的减排目标已成泡影，因此安倍内阁早已撤回民主党政权承诺的"到 2020 年比 1990 年削减温室气体排放 25%"的不切实际的目标。

2012 年年底民主党下台，代表大企业利益的自民党重新上台。鉴于核电站停机给日本经济带来的贸易逆差日趋严重和电价上涨等负面影响，安倍首相在 2013 年年初上台伊始就表明要修正民主党政权确定的"零核"能源战略，明确提出要制定"负责任的能源政策"。经过一年多的讨价还价，终于在 2014 年 4 月出台了新的《能源基本计划》。在该计划中，将核电定位为"重要的基荷电源"，提出在保证安全的条件下，重新启动核电站。今后，核电站的重启必须经过"核能规制委员会"的安全审查，到 2014 年 2 月，已有 8 家电力公司的 17 个机组申请安全检查。其中九州电力公司川内核电站和关西电力公司高滨核电站已分别于 2015 年 8 月和 2016 年 1 月重启。

今后日本的能源战略将把"安全"（Safety）放在第一位，在原来"3E"的基础上再加上"S"，即"3E + S"的组合（见图 5 - 3）。

日本最大限度地推动节能活动和发展可再生能源，鉴于福岛核电站事故的教训，现有九大电力公司一统天下的垄断集中性电力系统存在的很多弊端都暴露出来，因此今后还要对电力系统进行彻底改革，实行发电与送变电的分离，最终实现能源种类的分散化与结构的合理化。

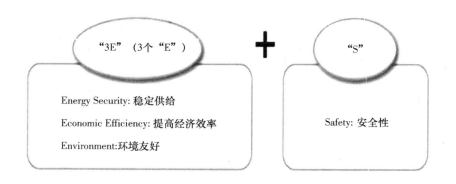

图 5 - 3　日本能源战略原则示意

二　日本经济产业省的具体政策措施

日本配合上述国家层次的能源战略调整，作为能源主管省厅的经济产业省也制定若干具体政策。经济产业省在 2013 年 3 月制定的《创造能源领域战略市场计划》中明确提出，今后要把以下领域作为战略领域：①建设高效率火力发电站。日本拥有特高临界压力和煤炭液化复合发电技术，采用以上两种技术可使热效率从传统技术的 36% 提高到 41%。而现在液化石油气发电的热效率已达 54%，到 2020 年将提高到 57%。考虑到煤炭价格相对比较低廉和日本的技术优势，今后在相当长一段时间内增加进口煤炭的可能性较大。②生产大规模蓄电池。日本拥有相当数量的电力系统用大型蓄电池、车载用蓄电池和产业、住宅用蓄电池。而且拥有世界一流的大型蓄电池制造技术，利用大型蓄电池可以对太阳能发电和风电进行波动吸收，而普及蓄电池的最大障碍是成本较高，今后计划在降低成本方面进行技术攻关。③充分利用能源管理系统，提供电力利用数据的新服务。日本全国目前已建成四个智能社区，通过大规模的需求响应实验证明：智能社区在用电高峰期可以实现20%的节电效果。通过改装智能电表、电力体制改革，加强能源管理服务，可以培育新产业，扩大市场容量。④利用电力电子技术加强下一代电源器件的研发。电力电子技术是实现电频、电压、交直流转换最小化的技术。利用日本自己研发的新材料碳化硅可使电气化列车实现节能40%，使用新研发的逆变器可使空调节电30%。

另外，日本在《建设多元化供应体系和智慧消费能源的最先进国家行动计划》中提出，为克服能源制约和降低成本，要在生产（采购）、流通和消费等各个方面进行全方位改进，具体措施如下：

第一，在生产阶段，要确保多样化的能源种类。最大限度发展可再生能源，为此要缩短环境评估的时间，率先发展成本相对较低的风电和地热发电，加快输油、输气管道等基础设施建设和其他能源系统的完善。在确保安全的情况下重启核电站，充分利用好核电。建设世界最高水平的高效率煤炭发电厂，既可降低成本又能减轻环境负荷。另外，从采购方面，要实现进口能源地区的多元化，官民携手确保低价的液化天然气进口。

第二，在流通阶段，要进行电力体制改革。首先要实行零售、发电的全面自由化，其次是实现送变电部门的中立化，再次是扩大系统的广区域运用。到2020年之前要实现发电与送变电的法律分离。另外还要严格进行电费的数据采集和检查，通过对电费的智能控制，达到降低燃料成本的目标。

第三，在消费阶段，首先是鼓励工厂通过使用最新的尖端加工设备和节能设备来提高产业竞争力和节能效果；其次是继续推行"领跑者"制度，在过去的10年中，通过"领跑者"制度的实施，日本汽车的耗油指标改善了49%，空调的耗电指标改善了30%，今后还要将"领跑者"制度推广到住宅、写字楼等方面，加大节能力度；最后是实施"需求响应"制度，由需求方的电力用户根据经营状况、服务质量和价格高低自由选择供给方，推广高效率的能源管理系统。

总之，最终要实现多样化、多元化和低廉的能源生产（采购），灵活、可选择和高效率的能源流通和最智慧的能源消费目标。

三　日本能源战略的最新动态分析

（一）核电站将陆续重启

从 2013 年 9 月 3 日大饭核电站停机后到 2015 年 8 月，日本"无核时代"已持续了近两年的时间。如前所述，日本核电约占总发电量的 3 成，核电站全部停机，造成电力严重不足，只能依靠发展火电予以补充，现在只能完全依赖化石能源。而日本的化石燃料几乎是百分之百依靠进口。大企业强烈要求重启核电站，尽管重启核电站这一问题极为敏感，但代表大企业利益的安倍首相也积极推进核电站的重启。经过多方协调，2015 年 8 月九州电力川内核电站 1 号机组开始重启，11 月川内核电站 2 号机组重启，位于福井县的关西电力高滨核电站 3 号机组于 2016 年 1 月 29 日重启，以后其他核电站陆续启动的可能性很大。主要有如下原因：

第一，大量进口液化天然气、石油、煤炭等化石燃料造成严重的贸易赤字。2011—2015 年已出现连续 5 年的贸

易逆差（见图 5 - 4），更为严重的是经常收支也有陷入逆
差的危险。日本能源进口约占总进口量的 1/3，而近年来
每年能源进口增加量约占贸易逆差的 1/3。据经济产业省
测算，与 2011 年东日本大地震前相比，现在每天增加进
口的化石能源达到 100 亿日元。再加上日元大幅度贬值，
导致日本的贸易逆差越来越大，而一旦经常收支逆差常态
化，将可能导致长期利率上升，加速财政危机的来临。
2015 年由于国际油价的暴跌，才使日本的贸易逆差有所
缓解，但仍然是 2.8 万亿日元的逆差。

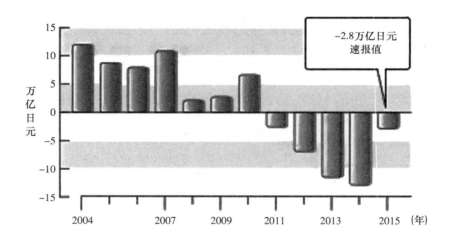

图 5 - 4　日本贸易收支情况

资料来源：财务省资料，http：//www. jiji. com/jc/graphics? p = ve_ eco_ trade -
balance - lastyear。

第二，由于进口化石燃料增加，导致电力生产成本上升，电价上涨。据经济产业省测算，由于发电成本上升将使家庭电费上涨两成，加重家庭消费负担，必然导致私人消费减少；企业电费将上涨三成，这对中小企业和微小企业来说打击很大，很可能使其陷入经营困境。另外，由于有些火电站设备陈旧，而且又是全负荷投入生产，这也存在许多隐患。

第三，温室气体减排压力空前增大。日本由于全部依赖化石燃料，导致温室气体排放大增，出现历史性大倒退。由于核电站迟迟不能重启，核电在基荷电源中所占比重难以确定，以至于安倍首相不敢在2014年9月22日召开的联合国气候大会上承诺何时确定日本的减排目标，只能模糊承诺"尽量早一点提出减排目标"。日本终于在2015年7月确定了最佳电源结构，亦即在2030年核电将占电源结构中的比重为20%—22%。此后，日本在2015年12月巴黎气候大会上承诺，到2030财年比2013年CO_2排放减少26.0%（比2005年减少25.4%），约减少排放CO_2总量10.42亿万吨。

第四，现有核电站停止运行也给核电站本身特别是核电站所属电力公司带来巨大损失，这种损失的大部分只能通过提高电价弥补，实际上是把损失转嫁给消费者。与此同时，也给依靠核电财政维持行政运转的核电站所在地的地方经济带来严重影响。

第五，对日本的核电国际化战略也造成打击。日本核电站不能重启，难以实现日本出口核电设备的计划，也难以确保核电人才。

除上述原因外，目前"反核派"和"拥核派"的力量对比也发生了一些变化。随着时间的推移，人们对核事故影响的记忆在逐渐淡化，政治影响力较大的日本前首相小泉纯一郎、细川护熙等人曾强烈"反核"，但现在也不再发声，特别是 2014 年下半年以来，日本反核势力的声音明显减弱，据有关机构 2014 年 8 月 17 日对 1300 人的调查显示：赞成重启核电站的占 53.54%，反对的占 46.46%，与两年前的调查发生逆转。另据日本经济新闻同年 10 月 27 日发表的调查结果，认为应当将核电站重启者占 29%，而认为不应该重启者占 53%。但是，反对重启者成为沉默的大多数，很少有人发出声音。

而与此相反，企业界强烈要求重启核电站，经团联会长榊原定征在不同场合，多次要求重新启动核电站。

安倍内阁也在 2014 年 4 月公布了包含重启核电站内容在内的第四次《能源基本计划》，媒体拥护核电站重启的声音越来越强。

尽管位于鹿儿岛县的川内核电站 1 号和 2 号机组已经重启，但仍遗留很多问题，例如：位于电站附近的樱岛火山、雾岛火山爆发对川内核电站的影响，还不能百分之百确保安全。2016 年 2 月初距离川内核电站只有 50 公里的樱岛火山大爆发，岩浆喷射高度达 2200 多米，尽管尚未对川内核电站造成影响，但也令人胆战心惊。

（二）核电站重启与"废堆"或将同时进行

在近中期之内，核电站重启与达到"寿命年限"的核电站的"废堆"工作可能同时进行。经济产业省前大臣小渊优子指出，在重启安全合格的核电站的同时，还要做好已达到或接近使用寿命（40 年）的核电站的"废堆"工作。[①]　到 2014 年，20 世纪 80 年代之前建成并开

---

① 经济产业大臣小渊优子谈话（2014 年 9 月 5 日）。参见日本经济新闻，2014 年 9 月 5 日，http://www.nikkei.com/article/DGXLASFS05002_V00C14A9MM0000/。

始运行的核电已达到 12 座[①]，其中位于福井县的美滨 1 号机组（43 年）、2 号机组（42 年）正在考虑废堆。按照日本现行法律规定，达到 40 年寿命的核电站，最长还可以延长 20 年，但是必须经过严格的检查。仅就美滨 1 号机组和 2 号机组来看，特别检查和安全对策还需要数千亿日元规模的追加资金，更何况 1 号机组的发电量为 34 万千瓦，2 号机组的发电量为 50 万千瓦，输出比较小，即使重新启动，经济收益也不会很大。其他接近寿命的核电站也存在和美滨核电站同样的问题，多数也将考虑陆续废堆。但是类似关西电力公司所属的高滨核电站 1 号、2 号机组，发电量都是 83 万千瓦，所以是否废堆还很难抉择。其实，废堆也不是一件轻松的事情，废堆至少会带来以下三个问题：

第一，电力公司将出现巨额损失。核电站在决定废堆之时，就意味着其资产价值为零。这一损失将被计入所在电力公司的资产负债表，有些电力公司很可能陷入即使想要废堆也难以实施的境地。2013 年，经济产业省

---

① 「老朽 12 原発の廃炉判断、収益力や規模が焦点」、日本経済新聞、2014 年 9 月 6 日、http://www.nikkei.com/article/DGXLASDF05H18_V00C14A9PP8000/。

决定修订会计规则，将反应堆核废料储存容器等"废堆"所必需的设施和设备，仍视为存在资产价值，可以按数年分割处理。但即便提出了这样的对策，如果决定废堆，每年度一个机组仍将出现数以百亿日元计的特别损失。

第二，反应堆解体后的放射性核废料如何处理还未作出决定。由于核电站乏燃料得不到最终处理，因此核电站被称为"没有厕所的公寓"。据电力公司的测算，110万千瓦级别的核电站废堆后，包括建筑物在内，将出现50万吨的废弃物，其中将有1.3万吨辐射核废料，而这些处理场所尚未确定。其中乏燃料棒、反应堆内的零部件等高浓度核辐射废料的处理需要数百年的长期管理，而处理这些核废料的相关标准国家尚未着手制定。

第三，由于核电站废堆，依靠核电财政支援的当地政府的转移支付将会丧失，应当如何应对这些问题，尚未着手研究。

鉴于以上原因，作出"废堆"决策也绝非易事，日本核电事业正面临着进退维谷的局面。

（三）电力公司拒绝购买新增可再生能源电力——日本可再生能源发展战略受到挑战

东日本大地震以后，发展核电越来越困难，日本将发展可再生能源定位为国家能源战略的重要组成部分。为了鼓励可再生能源的发展，日本从 2012 年 7 月开始正式实施"固定价格收购可再生能源的制度"（简称 FIT 制度），其核心内容是：电力公司有义务对经国家认证的家庭、民间的太阳能发电站、风力发电站、生物质能发电站或中小型水力发电站等生产的可再生能源电力以政府规定的固定价格进行购买，以法律的形式确保和推动可再生能源的发展。[①] 该法律实施两年来，日本可再生能源取得了一定成效，除水电以外的可再生能源占电力的比重从 2012 年的 1.6% 上升到 2013 年的 2.2%，其中太阳能发电发展最快（参见图 5 - 2）。

然而，自 2014 年 8 月初以来，日本的冲绳电力、九州电力、东北电力、北海道电力和四国电力五大电力公司陆续宣布停止收购可再生能源电力，经济产业省也发

[①] 张季风编：《日本能源文献选编：战略、规划、法律》，社会科学文献出版社 2014 年版，第 298 页。

出了"冻结可再生能源"通知。此举对日本发展新能源的战略提出了新的挑战。

五大电力公司决定停止按固定价格收购可再生能源电力，其理由是可再生能源，特别是太阳能发电站发展太快，超出了原来的想象。由于太阳能发电在夜晚和阴天都不能发电，极不稳定。过多收购极不稳定的太阳能电力，有可能使电网瘫痪，造成大规模停电。2014 年 6 月，有 400 多个输出功率 50 千瓦的中等规模以上的太阳能电站提出入网申请，这已经远远超过五大电力公司的入网接受能力[1]，再继续购入并网，现有电网有被毁的危险。按照《关于电力业者采购再生能源电的特别措置法》第二章第五条第一款的规定，在"有可能发生故障，妨碍该电力业者确保顺利供电"的情况下，电力公司可以拒绝收购和并网。五大电力公司正是基于上述法律规定才决定停止收购可再生能源电力的。

按日本相关法律的规定，太阳能发电、风电、地热发电、生物质能发电等都属于可再生能源，但近年来太阳能发电超常发展，占可再生能源总量的 96%。而在可

---

[1]　「太陽光発電の参入凍結」、『日本経済新聞』2014 年 10 月 11 日。

再生能源中，太阳能发电是最不稳定的电源，不仅如此，在国家确定固定收购价格中，太阳能电力最高，每度高达 36 日元，而其他可再生能源如风电、地热发电、生物质能发电，每度只有 20 多日元。因此，各大电力公司都拒绝购买太阳能电力，特别是拒绝购买大功率的太阳能电力，例如，东北电力公司就停止购买 50 千瓦以上的太阳能电力。

经济产业省也对此进行了研究，并提出了《可再生能源政策修正案》，其主要内容如下：第一，停止国家对大规模太阳能发电的认证；第二，对购买可再生能源所造成的国民负担设定上限；第三，下调增长过快的可再生能源种类（如太阳能发电）的收购价格；第四，下调已经过国家认证但尚未开始发电的可再生能源的收购价格；第五，重新设定不偏重太阳能的可再生能源的发展目标。①

由于电力公司停止收购可再生能源，大型太阳能发电站的投资者叫苦不迭，怨声载道。通常来说，企业从决策上马可再生能源项目后，在动工之前 4—6 个月前，

① 「経済産業省検討：太陽光発電の参入凍結」、『日本経済新聞』2014 年 10 月 11 日。

要完成筹措资金、购置设备、购地等活动，先期投入已经很大。他们纷纷表示，由于国家确定了鼓励发展可再生能源战略，实施了按"固定价格收购的制度"，所以才进行了巨额投资，现在停止收购，所造成的损失如何挽回？不仅如此，他们还担心"停止购买"还可能波及现有的已被收购的可再生能源。

停止收购政策对全国的经济发展影响也不可小觑。安倍经济学第三支箭的《日本再兴战略——JAPAN is BACK》中指出，清洁能源的国内市场规模将从 2013 年的 4 万亿日元达到 2030 年的 11 万亿日元，而国际市场规模将从 2013 年的 40 万亿日元达到 2030 年的 160 万亿日元，将接近于汽车市场规模。所谓清洁能源领域包括可再生能源、高效火力发电、蓄电池、下一代高端零部件、能源管理系统、下一代节能汽车、燃料电池、节能家电、节能住宅及建筑物等，其中可再生能源居于核心地位。而由于"停止收购"，将使日本的新能源战略遭受沉重打击。

（四）电力体制改革的进展

日本的电力行业主要由 10 家电力公司组成，分别为位于东日本的北海道电力、东北电力以及东京电力三家公司（50Hz），位于西日本的中部电力、北陆电力、关西电力、中国电力、四国电力、九州电力六家公司（60Hz），以及位于日本冲绳地区的冲绳电力公司（60Hz）。这些公司是私有的、独立性的区域电力公司，共同成立了日本电气事业联合会（FEPC），促进电力行业的协调运行。[①] FEPC除了要负责各公司的交流合作外，也承担着确保电力系统稳定运行、提升电力在能源领域的关注度的作用。目前，除冲绳电力外，日本电力系统已经实现了全国电网互联，形成了全国基干联系系统，在50Hz与60Hz的连接区域，有静冈县佐久间、东清水和长野县新信浓三个频率变换所进行直流的背靠背连接。

随着特高压直流输电技术等的发展，电力网络必然是未来世界能源互联网的发展趋势，可以在融入清洁能源的同时，节省传输费用，提升能源效率。日本电力产业正处于市场化、自由化的改革进程中，而这一变革要比欧美的发达国家晚了十几年。日本希望通过这次改革，提升日本电力系统整体的工作效率，形成电力、信息的双向流动式智能电网，降低电价，在输入端（发电）能

---

① FEPC于1952年组成，当时为除冲绳电力以外的九家电力公司组建。冲绳电力于2000年3月加入FEPC。

源多元化的同时，提升接收端参与的主动性，并将接收端的余电一并引入网中。

2011 年的东日本大地震引起了福岛核电事故的发生，使日本政府对电力改革的思路进行了重新探讨，电力改革因此重启。2013 年年底，《电气事业法》修正案通过，明确了核电事故后新一轮电力改革的内容与流程，2014 年，日本内阁通过了该修正案。此轮改革的主要目的为保障电力系统的稳定安全供应，增强多元化电力供给能力，进一步引入市场机制，扩大用户选择权，降低电价，促进需求侧响应以及新技术发展。①

此轮的电力改革分为三步走，第一阶段计划在 2015 年前创建一个全国输电商协调组织，第二阶段将放开电力销售业务，第三阶段确保输配电部门的无条件公平开放，输配分开，并放开销售电价，实现电力部门整体市场化。计划在 2020 年全部完成。日本的电力改革的最主要目标，是要保障全国各地的电力安全稳定供给。这其中关系着未来发电能源结构，以及新电力公司的发电量保证等较为复杂的问题，因而需要长期的有针对性的规划。

---

① 国网能源研究院编著：《2014 国外电力市场化改革分析报告》，中国电力出版社 2014 年版，第 58 页。

2015 年以后，电力体制改革出现了一些新的变化。日本政府于 2013 年 4 月的内阁会议通过了《关于电力系统的改革方针》之后，逐步放宽了对电力市场的政府管制，并于 2015 年 4 月完全开放了电力零售市场。所有用户均可以自由选择电力公司以及电力套餐。受此影响，其他行业的企业参与电力投资的势头旺盛（见表5－1）。燃气、通信、便利店等企业都宣布将进入电力零售市场，跨越原有区域划分的电力设备新建、增建计划也在制订中。电力市场改革得以推进，尽管有福岛核电站事故发生后电力行业很难再抵制政府放松准入改革的因素，也显示了如果政府下定决心，打破既得利益阶层的藩篱以及利害对立关系，毅然决然地推动改革，就能够提高企业的经营活力。

（五）国际石油降价对日本能源形势的影响

国际油价的暴跌将给世界能源格局带来很大影响，毫无疑问，也将给日本能源战略带来影响。2014 年 6 月原油价格曾达到每桶 108 美元，而 2015 年 2 月已经跌破了每桶 30 美元（见图 5－5）。这意味着原油价格从 2014 年 6 月以来已暴跌 72%，跌幅惊人。而 2016 年年初的新一轮抛售狂潮在为数不多的交易日中更使国际油价大跌19%，跌幅之大令人难以置信。

表 5 - 1　　　　　日本电力体制改革的最新进展（2015 年）

	企业	内容
进入面向家庭售电领域	东京燃气	到 2020 年在日本首都圈的市场份额提高至 10%
	JX 日矿日石能源	宣布以"能源电气"品牌进入
	KDDT	宣布以"au 电气"品牌进入
	软银	与东京电力合作参与
	东急电铁	成立"东急电力供应"公司
	三菱商事罗森	利用便利店的有利条件，实行电费积分制
	Misawahome	以为购买公司住宅的客户提供电力为主，进入电力零售市场
电厂新建、扩建	JX 日矿日石能源　东京燃气	计划到 2020 年将神奈川县的天然气火电厂的装机容量从 85 万千瓦提高到 195 万千瓦
	九州电力　出光兴业　东京燃气	在千叶县新建煤炭火电厂，规划在 2025 年左右的发电能力达到 200 万千瓦
	中国电力　JFE 钢铁　东京燃气	研究在千叶县新建 100 万千瓦燃煤电厂
	关西电力　丸红	研究在秋田县新建 130 万千瓦燃煤电厂

资料来源：根据各种报道，由三菱东京日联银行经济调查室做成。

（美元/桶）

图 5 - 5   国际石油价格变化

资料来源：NYMEX，ICE。

当然，国际油价"跌跌不休"的原因很复杂，既有经济原因也有地缘政治原因：世界经济减速导致石油需求减少，而以沙特阿拉伯为代表的石油输出国又不肯减产，其结果只能是不断降价。在一般的情况下，经济减速，石油供过于求，可以通过减产手段来调节市场的供需平衡，然而，石油生产国又坚决不减产。很显然这次油价"跌跌不休"仅仅用经济原因来解释是不够的。有位名人曾说过，国际油价的变动"10%为经济原因，90%为政治原因"，这次油价暴跌似乎证实了这一观点，政治因素将大于经济因素。沙特之所以坚持不减产，其初衷是对抗美国的"页岩气革命"和伊朗的扩大石油出口政策；而美国为了制裁俄罗斯，甘愿遭受油价下降给"页岩气革命"带来的损失而放任沙特增产。这场博弈何时终结，当然要看各方玩家的耐力。

在这场石油恶战中，受损的主要是俄罗斯、沙特等石油生产国，其次是美国。而中国、日本和欧洲等石油消费国是主要赢家。就日本而言，石油几乎百分之百需要进口，因此，石油降价，日本自然成为最大的赢家。最主要的标志就是日本的贸易逆差在2015年明显下降。如前所述，自2011年东日本大地震以来，为了弥补核电站停机带来的电力短缺，日本每年必须从国外进口大量的化石燃料来扩大火力发电，因此造成了严重的贸易逆差，2011年的贸易逆差为2.5万亿日元，这是日本31年以来第一次跌入贸易逆差，2012年贸易逆差高达6.9万亿日元，而2013年飙升至11.47万亿日元，2014年又升至12.8万亿日元，然而，2015年贸易逆差奇迹般地降至2.8万亿日元（见图5-4）。国际油价的下降，使日本企业的生产成本大幅度降低，汽油降价，百姓得到实惠，可以说，石油降价使日本经济在2015年恢复了正增长，避免了较大的滑坡。

毋庸置疑，国际油价的下跌给日本进行能源战略调整带来了天赐良机。由于油价的下跌，日本核电站重启的压力大大缓解，也有可能延缓日本新能源开发的进程。但是，日本是一个居安思危的民族，在油价较低的时候，首先想到的是油价总有一天会回升，现在必须为了应对可能来临的高油价，做好各种准备。日本正在计划对已经扩充生产能力的燃气发电站和燃煤发电站进行技术改造，进一步提高能源利用效率，特别注重燃煤发电技术的再创新。当然，国际油价下跌给日本经济、日本能源战略带来的影响是多方面的，但时间毕竟还很短，其影响深度与广度尚有待于进一步观察。

第六章　启示与建议

日本缺乏能源，状况比中国还要艰难，但是日本实施有效的能源战略和能源政策，在供给和消费两方面做文章，保证了能源安全，最终没有使能源问题成为影响经济发展的约束性障碍。日本根据国际与国内的经济形势、能源形势适时调整能源战略的经验颇值得借鉴。特别是能源多元化战略、石油储备战略、节能战略更值得中国借鉴。国际油价下跌，最近重启核电站，使日本能源状况趋于稳定，总体来看对中国也是有利的。

一　借鉴日本经验，确保能源安全

日本是通过供给和消费两方面的努力来实现能源安

全的，其基本原则简单来说，就是保障能源供给，尽量减少能源消费。

从供给方面来看，日本的能源几乎完全依赖进口，因此十分注重能源进口的多元化战略和能源储备战略。

中国是最大的发展中国家，已成为世界最大的能源消费国。中国石油进口总量早已超过日本，石油进口依存度也高达62%，石油进口地区也与日本类似，80%以上来自中东地区。天然气的进口依存度也高达30%以上，进口地区主要集中在卡塔尔、澳大利亚、马来西亚和印度尼西亚等国家，与日本也比较相近。另外，中国是世界最大的煤炭生产国，但从2008年起，中国成为煤炭净进口国。2014年消费煤炭总量为35.1亿吨，其中超过九成来自国内生产，进口约一成。

为了能源进口的多元化目标，近几年中国加强与俄罗斯、东南亚、拉美等国家和地区的国际合作，正在努力改善严重依赖中东地区的局面。但是，同日本一样，石油进口依赖中东的局面并有发生根本性改变，还需要进一步努力。

日本石油储备国家与民间加在一起已达到180多天的消费量，液化天然气储备也能达到80多天的消费量。

而同样是石油、天然气消费大国的中国石油、天然气储备却少得可怜，距离全国储备消费 90 天石油的国际目标相差甚巨。建议有关部门加快我国油、气储备基地在建项目的建设速度，同时还应考虑建设超大规模的油、气储备基地。根据我们实地调研的结果，选址在毗邻北京、天津的曹妃甸地区为宜，该地区拥有天然良港，位于京津冀能源消费地的中心区域，凭借渤海湾内海的天然屏障，安全系数较高，倘若能在该地区尽快建设中国最大规模的石油储备基地，并在此轮油价低迷的时期购入更多海外石油对我国极为有利。

从能源消费方面来看，日本主要是推行能源消费品种的多元化战略和节能战略。

第一，关于能源品种多元化问题，与日本主要依靠石油不同，我国偏重煤炭，2013 年，在一次能源结构中煤炭的比重仍高达 67%。因此，如何降低煤炭比重是一项十分艰巨的长期任务。中国经济进入新常态，为实现上述目标提供了绝好的机会。2016 年 2 月 5 日国务院公布的《关于煤炭行业化解过剩产能实现脱困发展的意见》中明确提出，从 2016 年开始，用 3—5 年的时间，再退出产能 5 亿吨左右、减量重组 5 亿吨左右煤炭产能。

这无疑是大手笔。其实可替代煤炭的能源无非就是油、气与核电以及新能源，从目前来看，比较现实和安全的选择依然是石油与天然气。增加油、气的供给可从两方面考虑：一是积极推进"一带一路"战略，以增加油、气的进口，特别是在油价低廉的时候，更应当考虑增加进口；二是加强国内页岩（油）气的开发与生产。我国是页岩（油）气储藏大国，有关部门提出力争在2020年实现300亿立方米产量的目标。目前，中国石化涪陵页岩气田的开发已经有了一定的进展。另外，我国可燃冰的储量也十分丰富，应加快开发与利用的步伐。日本在可燃冰开发方面已经走到了世界的前头，也可考虑加强同日本在这一领域的技术合作。

第二，节能战略是日本最成功的能源战略之一，其经验值得借鉴。目前，我国单位GDP能耗为日本的6.4倍，这说明中国在节能方面具有巨大的空间。节能与新能源开发，对环境保护以及应对全球变暖、气候变动意义重大。倘若中国的能源利用效率和节能水平能达到日本现在的程度，那么对人类的贡献将是巨大的。中日两国在节能领域的合作具有共同利益，互补性强，前景十分可观。

二　日本开发新能源的经验教训
尤其值得借鉴

　　全球金融危机爆发之后，大力发展新能源、开展"绿色革命"似乎成为世界的新潮流。然而，由于开发新能源仍存在技术不成熟、成本高、单位发电规模较小、不稳定等各种难以解决的问题，实际进展并不理想。日本在20世纪70年代初就开始发展新能源，在八九十年代曾一度处于世界领先的地位，但由于各种原因发展受挫。东日本大地震以后，日本又再次掀起发展新能源的高潮，出台了一系列鼓励发展新能源的政策，其中最重要的政策就是2012年7月开始实行的"固定价格收购制度"，即现有十大电力公司必须以固定价格购买民间企业或家庭的太阳能发电以及风电等新能源电力。该政策实施后，出现了盲目上马太阳能发电站的问题。日本政府与电力企业事先并没有预料到实施该政策后，可再生能源发电特别是太阳能发电会发展如此之快，以至于出现了无法继续收购并网的尴尬局面。我国在发展新能源时，也应引以为戒，避免一哄而上，特别是发展太阳能发电时，必须充分考虑电网的容纳程度，以免造成巨大浪费。

三　借鉴日本经验，尽快制定中国 长期能源发展战略

当前和今后相当长一段时间内，能源问题仍将是影响我国经济社会发展的重大课题。虽然我国已制定《能源发展战略行动计划（2014—2020）》（2014年11月公布），但这还仅仅是一个中期计划，还应尽快制定到2030年或2050年的长期能源发展战略。日本能源战略的决策机制、实施监督过程以及能源战略决策的权威性、有效性、协调性、科学性和规范性对我国具有借鉴意义。

日本不仅非常重视能源战略的制定，而且在能源战略执行、监督和考核上，有很好的做法，形成了能源战略决策过程的良性循环机制。目前，我国能源战略决策框架还没有系统地建立起来，存在战略制定科学性不够、执行力弱、缺少跟踪监督的问题，能源战略实施的绩效评价与战略调整机制也很缺乏。为保证能源战略的顺利实施和控制，应加快构建能源战略决策系统，加强战略实施的考核评估和及时调整，实现能源战略决策的全过

程跟踪监督管理，增强能源战略决策的有效性。

　　另外，能源战略决策机制的建立是一项复杂的系统工程，涉及方方面面的利益和错综复杂的关系。日本在中央各能源决策部门之间和中央与地方决策部门之间都形成了较好的关系。我国目前在能源决策上存在各部委之间相互协调困难、中央和地方在能源发展目标不一致的问题。为形成能源战略决策的合力、提高能源战略决策的效率，在中央各部委层面，应协调好能源决策的主管机构与相关机构的关系；在中央和地方的关系上，既要保证中央在能源战略决策上的权威性，也应积极发挥和提升省级能源管理机构在能源战略决策体系中的作用，增强能源战略决策主体相互间利益的协调性。

　　能源战略决策是一项带有全局性、长远性、广泛性的决策行为，社会力量的作用非常重要。日本的经验表明，发挥社会力量的作用可以带来许多好处：一是可以改进能源战略的制定过程，防止决策权力过分向行政机关集中；二是有利于沟通各界的意见，吸收社会力量为政府决策献计，提高社会参与度；三是有利于广泛听取各方意见，吸收不同观点，提高规划的科学性；四是提高战略制定、决策过程的透明度，保障国民了解和参与战略编制的权利；五是专家和各方面代表参与审议活动的制度化和经常化，加强对能源战略实施的动态把握和监督，有利于及时调整能源战略。我国在战略管理中，往往存在制定、执行、监督、评价由一个或少数几个说了算的情况，今后应当充分吸收社会力量参与能源战略管理，如成立若干个能源审议委员会，定期对能源领域的重要问题、重大项目、重大方案进行科学论证和监督评估，提出决策咨询意见和提交政策的前期方案，供能源管理政府部门参考、决策；又如，可以成立第三方的评估机构，确保能源战略实施绩效评价的公正，通过社会力量和国民的广泛积极参与，增强能源战略决策的科学性。

政策法律体系是能源战略决策机制建立的基本保障。日本在能源战略决策过程中，构建了比较完善的能源战略管理政策法律体系。我国应通过建立健全激励约束政策，强化法制建设，逐步建立起以《能源法》（基本法）为统领，以煤炭法、电力法、石油天然气法、核能法、节约能源法、可再生能源法等单项法律为主干，以中央政府和地方政府制定的行政法规和规章相配套的能源法律法规体系，确保能源战略管理依法进行。要加强对能源法律法规的宣传、贯彻、落实，增强能源战略决策的规范性。

四　加强中日在能源领域的合作

日本面对国际油价下跌，重启核电站，能源形势好转，这在客观上可减轻中日两国在能源领域的竞争，两国在海外能源开发中的冲突有望减弱。日本油、气、煤等化石燃料的进口减少也会减轻中日两国在能源市场上的恶性竞争。

日本核电重启，减轻了世人对核电安全的过度担忧，有利于全球核电事业的健康发展，也能使我国发展核电事业的外部环境变得更加顺畅。另外，重启核电站，再加上国际油价下降，会使日本贸易收支转好，这将有利于我国扩大对日出口。

日本能源形势好转也有利于中日双边或多边能源领域的合作，特别是在核电领域的合作。此前，我国通过东芝实际控股的美国西屋公司，已与日本在核电方面进行了间接合作。日本的核电事业发展较早，在核电站运行以及核废料中间处理等方面居世界领先地位。福岛核电站事故留下了深刻的教训，而在核电站事故处理、清污以及废堆等方面也积累了丰富的经验，很值得关注。中国应当创造条件与机会，扩大两国在这一领域的合作。

日本从 2016 年起将着手对已达 40 年堆龄的核电站进行废堆工作，值得关注。中国核电事业虽处于起步阶段，但秦山核电站一期工程三台机组已经运行 24 年，距离设计寿命只有 6 年时间，对此应未雨绸缪，做好废堆的人才培养、核废料最终处理场地的选址等各种论证和准备工作。

中日两国都是能源消费大国，进口依存度都很高，因此在国际油、气采购方面具有共同利益，双方可在国际能源团购等方面加强合作，以压低价格。另外在煤炭液化技术、清洁技术以及节能领域合作的空间十分宽广。中日两国若在能源领域加强合作对于改善两国政治关系也具有重要意义。

张季风 男，1959 年 8 月出生，吉林人，1999 年获日本东北大学经济学博士学位。现为中国社会科学院日本研究所研究员，所长助理，全国日本经济学会秘书长。主要研究领域：日本经济、中日经济关系和能源经济。代表作品有：《日本国土综合开发论》（专著，2004），《挣脱萧条：1990—2006 年的日本经济》（专著，2006），《中日友好交流三十年（经济卷）》（主编，2008），《日本经济概论》（主编，2009），《日本能源文献选编：战略、计划、法律》（编译，2014），《日本经济结构转型：经验、教训与启示》（"国家智库报告"丛书，2016），发表有关日本经济与中日经济关系论文 100 余篇。